W0191311

PALMENGARTEN
Herzog Adolf von Nassau legte den Grundstock zu dieser exotischen Pflanzensammlung.
📷 *Tipp: In den Gewächshäusern kann man prima z. B. den Wüstenurlaub faken.*

➤ S. 56

HOCHHÄUSER & BANKENVIERTEL
Kühne Paläste für den Mammon, die gläsern und sogar mit hängenden Gärten in den Himmel wachsen.
📷 *Tipp: Der Klassiker – vom anderen Mainufer aus auf die Skyline blicken.*
Mittendrin: Auf der Neuen Mainzer Straße zwischen Wolkenkratzern stehen.

➤ S. 50

ZUM GEMALTEN HAUS 9
Der Name ist Programm: Das wohl malerischste Apfelweinlokal der Stadt findest du in Sachsenhausen.
📷 *Tipp: „Drinnen is' auch schee", aber bitte nicht die hübsche Fassade vergessen!*

➤ S. 62

NATURMUSEUM SENCKENBERG 7
Eine der größten Sammlungen Deutschlands zur Naturgeschichte, die viel mehr zu bieten hat als nur die berühmten Dinos; plus wechselnde Sonderausstellungen.

➤ S. 55

TIGERPALAST 10
Keine Raubkatzen, dafür anspruchsvolles Varieté mit Akrobaten und viel Atmosphäre.

➤ S. 95

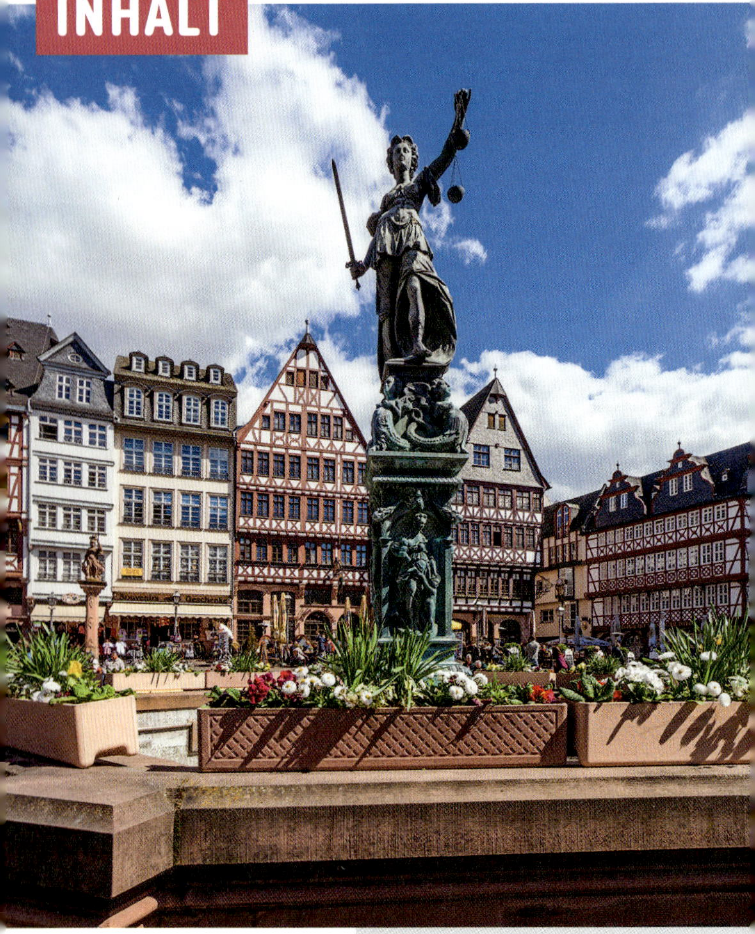

**BESSER PLANEN
MEHR ERLEBEN!**

**Digitale Extras
go.marcopolo.de/app/ffm**

⏱	Besuch planen	☂	Bei Regen
€ – €€€	Preiskategorien	🐷	Low Budget
(*)	Kostenpflichtige Telefonnummer	👫	Mit Kindern
		⚑	Typisch

(🗺 A2) Herausnehmbare Faltkarte
(🗺 a2) Zusatzkarte auf der Faltkarte
(0) Außerhalb des Faltkartenausschnitts

FRANKFURT

INSIDER-TIPP
Deine Abkürzung ins Erleben!

Reisen mit MARCO POLO
Insider-Tipps

MARCO POLO
TOP-HIGHLIGHTS

PAULSKIRCHE ⭐1

Wiege der deutschen Demokratie:
In dem Rundbau tagte 1848 die
erste Nationalversammlung.

➤ S. 37

RÖMERBERG ⭐2

Markthügel einst und bis heute
Frankfurts „gut Stubb" mit rekonstruierten Fachwerkbauten und
historischem Rathaus (Foto).
📷 *Tipp: Bei Dunkelheit leuchten
im Hintergrund die Hochhäuser –
die Römerfassaden sind trotzdem
gut zu erkennen.*

➤ S. 38

GOETHEHAUS & -MUSEUM ⭐3

Hinter diesen (rekonstruierten)
Mauern erblickte der Dichterfürst
das Licht der Welt.

➤ S. 40

STÄDEL-MUSEUM ⭐4

Weltberühmte Meisterwerke alter
Kunst, klassische Moderne und
Gegenwartskunst – die Stiftung ei-
nes Frankfurter Kaufmanns ist das
Aushängeschild des Museums-
ufers.

➤ S. 43

DEUTSCHES FILMMUSEUM ⭐5

Wie die Bilder laufen lernten und
vieles mehr in Sachen „Siebte
Kunst" erfährst du in der vielfach
interaktiven Ausstellung dieses
Sammlungshauses.

➤ S. 45

MARCO POLO TOP-HIGHLIGHTS
2   Die 10 besten
     Highlights

DAS BESTE ZUERST
10   ... bei Regen
11   ... Low-Budget
12   ... mit Kindern
13   ... typisch

SO TICKT FRANKFURT
16   Entdecke Frankfurt
19   Auf einen Blick
20   Frankfurt verstehen
23   Klischeekiste

26   SIGHTSEEING
30   Stadtmitte
42   Sachsenhausen
47   Bahnhofsviertel
51   Nordend & Bornheim
53   Außerdem sehenswert

58   ESSEN & TRINKEN

72   SHOPPEN & STÖBERN

84   AUSGEHEN & FEIERN

AKTIV & ENTSPANNT
98   Sport, Spaß & Wellness
102   Feste & Events
104   Schöner schlafen

ERLEBNISTOUREN
110   Frankfurt perfekt im
      Überblick
113   Kulinarischer
      Einkaufsbummel
      einst und jetzt
116   Auf Goethes Spuren
120   (Industrie-)Kultur und
      neues Bauen

GUT ZU WISSEN
124   **DIE BASICS FÜR DEINEN
      STÄDTETRIP**
      *Ankommen, Mobil sein,
      Vor Ort, Notfälle, Wettertabelle*
130   **FRANKFURT-FEELING**
      Bücher, Filme, Musik & Blogs
132   **TRAVEL PURSUIT**
      Das MARCO POLO Urlaubsquiz
134   **REGISTER & IMPRESSUM**
136   **BLOSS NICHT!**
      *Fettnäpfchen und Reinfälle
      vermeiden*

MARCO POLO
DIGITALE EXTRAS

Werde Teil unserer Reise-Community und folge uns auf **Instagram** und **Facebook!**

DIGITAL NOCH MEHR ERLEBEN

1 Website besuchen

2 Die digitale Welt von MARCO POLO entdecken

3 App runterladen und ab in den Urlaub

Alle Infos zum digitalen Angebot unter **marcopolo.de/app**

RMV FRANKFURT

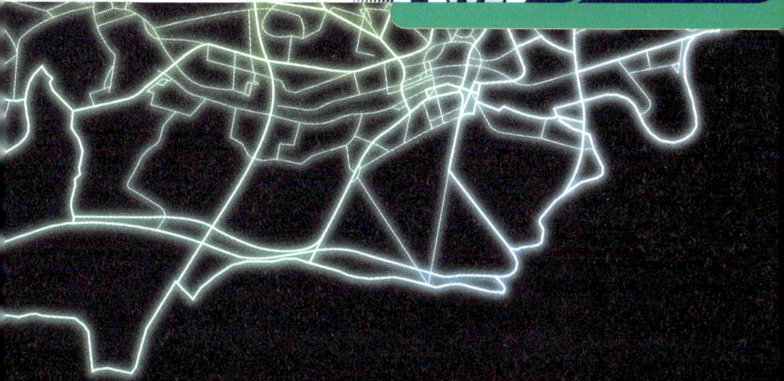

TYPISCH FRANKFURT:
Von jeder Warte aus großartig.

Bockenheimer Warte

Busse und Bahnen bringen Sie im Frankfurter Stadtgebiet überall ganz nah an Ihr Ziel. Und die Fahrplanauskunft hilft Ihnen dabei. Aktuelle Informationen finden Sie unter:

 rmv-frankfurt.de

DAS BESTE ZUERST

Frankfurts Skyline

BEST OF
BEI REGEN

SCHÖN, AUCH WENN ES REGNET

KAISERLICHER KRÖNUNGSORT
Es gibt schlechtere Orte zum Ausharren als diesen, wo einst Kaiser und Könige gekrönt wurden. Auch wenn kein Kaiserwetter herrscht, sorgen der warme Ziegelton an den Wänden und nur wenige, geschickt in Szene gesetzte mittelalterliche Kunstschätze im *Kaiserdom* für Feststimmung.
➤ S. 34

KULINARISCHES AUS ALLER WELT
Obst, Gemüse, Fleisch, Käse, frische Nudeln und Gewürze – ein farbenfroher Kontrast zum Regengrau vor der Tür. Wer mag, bleibt in der *Kleinmarkthalle* nicht nur zum Schauen und Einkaufen, sondern gönnt sich einen Kaffee, Sushi, Rindswurst oder Austern.
➤ S. 79

KINO IM MUSEUM
Um die Geschichte des Lichtspiels dreht sich die neu konzipierte Ausstellung im *Deutschen Filmmuseum* mit unzähligen bewegten Bildern, die das Wetter draußen vergessen lassen. Danach kann man gleich ins hauseigene Kino weiterziehen.
➤ S. 45

JAPANISCHE GEMÜTLICHKEIT
Blümchentapeten, antike Tischchen, Polstersessel – gemütlich ist es bei Schmuddelwetter in der japanisch geprägten Patisserie *Iimori,* wo Apfeltarte ebenso wie Grüntee-Törtchen serviert wird.
➤ S. 63

WIEGE DER DEMOKRATIE
1848 tagte in der *Paulskirche* die erste deutsche Nationalversammlung, heute kannst du dich im großen Saal im Obergeschoss auf Spurensuche begeben. Im Erdgeschoss dokumentieren Vitrinen die stürmischen Zeiten der Demokratiebewegung (Foto).
➤ S. 37

BEST OF

LOW-BUDGET

FÜR DEN KLEINEN GELDBEUTEL

REIN INS KLOSTER
Der frei zugängliche Kreuzgang und das Refektorium des ehemaligen *Karmeliterklosters* bergen zwei restaurierte Freskenzyklen aus dem 16. Jh. Ausgeführt von dem schwäbischen Maler Jörg Ratgeb, gelten sie als die bedeutendsten vorbarocken Wandmalereien nördlich der Alpen.
➤ S. 40

GRATIS INS MUSEUM
Jeweils am letzten Samstag des Monats ist der Eintritt in zahlreiche Sammlungs- und Ausstellungshäuser frei – z. B. ins *Museum Angewandte Kunst* inklusive der zeithistorischen Schauräume in der Villa Metzler.
➤ S. 45

GRÜNE BÜHNE
Im Sommer zieht das Stalburg-Theater ins Grüne um. Das „Stoffel" bietet tagsüber Kinderprogramm und abends Konzerte, Comedy & Co. Das Ganze im Günthersburgpark unter freiem Himmel, mitten im Grünen und gegen eine freiwillige Spende.
➤ S. 95

KUNST IM UNTERGRUND
Der schräg ins Pflaster gerammte Straßenbahnwagen an der Bockenheimer Warte (Foto) lässt schon ahnen: Hier tut sich bestimmt auch unterirdisch was. Einige Frankfurter *U-Bahn-Stationen,* zumeist der Linien U 6 und 7, wurden von Künstlern gestaltet, andere zumindest kunstvoll verschönert.
➤ S. 25

KLÄNGE AUS DER RIEGERORGEL
Zweimal wöchentlich erklingt in der *Katharinenkirche* im Herzen der Stadt ein halbstündiges Orgelkonzert, das keinen Eintritt kostet. Meist kommen zwei bis drei Stücke zu Gehör, darunter oft eine Komposition von Bach.
➤ S. 32

BEST OF
MIT KINDERN

SPANNENDES FÜR GROSS & KLEIN

TASCHENLAMPEN RAUS
Kinder lieben Dinos, wie es sie im *Senckenberg Museum* (Foto) zu sehen gibt. Noch aufregender wird es natürlich, wenn alle Lichter aus sind und man so richtig auf Entdeckungstour gehen kann – zum Beispiel bei einer speziellen *Taschenlampenführung*.
➤ S. 55

WIRBELSTÜRME MACHEN
Kleine Tüftler und Forscher kommen im *Experiminta* voll auf ihre Kosten. Von schwebenden Spiegeln bis zu Tornados, die man selbst erzeugen kann, gibt es hier nichts, das es nicht gibt.
➤ S. 99

TIERISCH GUT
Der *Frankfurter Zoo* ist für viele kleine Frankfurtbesucher das unangefochtene Highlight. Dank seiner begrenzten Fläche kann man hier auch in kürzerer Zeit eine Menge entdecken – noch schöner zu den Fütterungszeiten oder mit einer Spezialveranstaltung, beispielsweise dem „Gewitter bei den Krokodilen". Zusatzbonus: Die vielen Schauhäuser machen den Tierpark sogar regenfest.
➤ S. 57

ÄPPEL AHOI
Eine Fahrt im *Ebbelwei Express* mit seinen Gardinen an den Scheiben ist urgemütlich – und die perfekte Alternative zum Stadrundgang zu Fuß. Der Fahrpreis ist nicht so teuer, und Kinder bekommen statt Apfelwein eine Flasche Apfelsaft gratis dazu.
➤ S. 127

GESCHICHTSUNTERRICHT MAL ANDERS
Mit dem *Jungen Museum Frankfurt* bietet das Historische Museum einen eigenen Ausstellungsbereich nur für Kinder und Familien – toll aufbereitet, mit vielen Mitmachstationen.
➤ S. 36

DAS ERLEBST DU NUR HIER

KÖSTLICHES „STÖFFCHE"

Apfelwein oder „Stöffche", wie die Einheimischen sagen, ist das flüssige Aushängeschild der Stadt. In traditionellen Wirtschaften wie dem Gasthaus *Kanonesteppel* gibt's dazu deftigen Handkäs' und Rippchen mit Kraut.

➤ S. 62

SKULPTUREN IM SCHLOSS

Kein steriler Ausstellungsraum, sondern ein richtiges kleines Schlösschen: Das *Liebieghaus – Museum alter Plastik* ist eines der hübschesten Museen der Stadt – und hat nebenbei auch noch eine lauschige Parkanlage mit eigenem Café.

➤ S. 42

MAINHATTAN

Dutzende Hochhäuser formieren sich nördlich des Mains zu einer deutschlandweit einzigartigen Skyline. Von der Spitze des *Main Tower* genießt man einen überwältigenden Ausblick, nachdem der Fahrstuhl 53 Etagen himmelwärts gesaust ist.

➤ S. 51

HAUSBESUCH BEI HERRN GOETHE

Der berühmteste Sohn der Stadt begegnet dir in Frankfurt auf Schritt und Tritt. Einblick in sein Leben und das seiner Familie gewährt das *Goethehaus,* das wiedererbaute Elternhaus des Dichters.

➤ S. 40

MUSEUMSPERLEN AM UFER

So viele und so unterschiedliche Sammlungshäuser, aufgereiht am Fluss und oft noch eingebettet in schöne Parks: Der *Schaumainkai* ist eine weltweit einzigartige Museumsmeile (Foto).

➤ S. 27

SO TICKT FRANKFURT

Am Börsenplatz schauen sich Bär und Bulle in die Augen

ENTDECKE FRANKFURT

Blaue Stunde am Mainufer mit Blick auf den Eisernen Steg und den Kaiserdom

Vieles kann man Frankfurt nachsagen – eines sicher nicht: Dass es typisch deutsch sei. Mancher zitiert sogar New York. Tatsächlich hat die Mainmetropole einiges mit der großen Schwester am Hudson gemeinsam, angefangen von der einzigartigen Silhouette über das reiche Kulturangebot und das ausgedehnte Grün bis hin zur ethnischen Vielfalt ihrer Bewohner – auch wenn Frankfurt, der vielleicht wichtigste Unterschied, natürlich eine Metropole im Miniformat ist: Alles ist überschaubar, fast alles zu Fuß oder mit dem Rad erreichbar.

HOCHHAUS TRIFFT FACHWERK

Wer Frankfurt besucht, den erwartet eine spannende Mischung aus Alt und Neu, aus Tradition und Moderne. Das gilt für die Architektur der Stadt ebenso wie für ihre Atmosphäre. Hochhausskyline und Fachwerkidylle liegen dicht beieinander; Kaiserdom, der Römerberg mit dem namensgebenden Rathaus und den wiedererbauten Fachwerkhäusern der Ostzeile, die Schirn-Kunsthalle, die Paulskirche, in

794
„Franconofurd" wird erstmals in einer Urkunde Karls des Großen erwähnt

1220
Frankfurt wird freie Reichsstadt

1848
Die erste frei gewählte Nationalversammlung tritt in der Frankfurter Paulskirche zusammen

1914
Die von Bürgern gestiftete Universität eröffnet

1933–45
Während des Nationalsozialismus werden über 11 000 jüdische Frankfurter deportiert, viele über die Großmarkthalle.

deren Mauern die deutsche Demokratie das Licht der Welt erblickte, und die wahlweise geliebte oder gehasste Neue Altstadt, ein komplett neues Quartier, das die städtischen Strukturen des Vorkriegs-Frankfurts nachempfinden will. Und, nicht zu vergessen, auch Museen für so gut wie jedes Interesse – vom berühmten Städel bis zu Museen für Film, Architektur, Kommunikation und Weltkulturen. Und mit einem kühnen Dreiecksgebäude in der Nähe des Doms, Aushängeschild der Postmoderne, schuf Hans Hollein dem Museum für Moderne Kunst ein markantes Domizil.

VIEL CITY-GRÜN

Nur ein paar Schritte von der Einkaufsmeile Zeil mit ihren Glaspalästen sind es zu den historischen Wallanlagen; bereits im 19. Jh. wurden sie zu einem Ringpark umgestaltet, der heute mit Rad- und Spazierwegen nahtlos die Innenstadt umschließt. Palmengarten, Zoo und eine ganze Reihe von Parks bieten weiteres Grün. Wer sich noch weiter in die Randzonen wagt, findet den Grüngürtel, ein großes Landschaftsschutzgebiet, entdeckt wegweisende Siedlungsarchitektur der 1920er-Jahre auf ursprünglich römischem Baugrund oder eine von Europas seltenen Binnendünen.

DAS GROSSE DORF

Frankfurt bietet reichlich Abwechslung auf kleinem Raum – es ist zugleich Großstadt und Dorf, businessorientiert und genießerisch, bodenständig und weltoffen. Die halbe Erdkugel ist in „Mainhattan" vertreten, rund 180 Nationen wurden gezählt, fast ein Drittel der Frankfurter haben keinen deutschen Pass. Ihr

Eine Erinnerungsstätte dort macht dieses finstere Kapitel nachempfindbar

1944 Alliierte Luftangriffe zerstören einen Großteil der historischen Innenstadt

1972 Als erstes Hochhaus mit über 100 Metern überragt der (inzwischen abgerissene) AfE-Turm den gotischen Domturm

2020 Die Corona-Pandemie trifft auch Frankfurt. Im selben Jahr geht der Brexit über die Bühne – das könnte der Stadt vorerst wirtschaftlichen Aufschwung geben

Anteil an der Gesamtbevölkerung ist der höchste aller deutschen Großstädte. Das kommt im Übrigen auch Frankfurts enorm vielfältiger Küche zu Gute. Tolerant, weltoffen und modern, mit einer mehr als 1200 Jahre langen Geschichte ist Frankfurt heute das Zentrum einer der produktivsten und dynamischsten Regionen im Herzen Europas. Banken prägten und prägen das Bild der Stadt, nach dem Brexit vermutlich noch mehr als zuvor. Die Wiege der deutschen Jazzszene stand in den Ruinen der vom Krieg fast völlig zerstörten City. Auch der Techno hatte am Main ein wichtiges Zentrum innerhalb Europas – bald soll ein Museum für elektronische Musik seine Pforten öffnen.

FRANKFURTS PROMI NUMMER 1

Neben den Tönen pflegt man auch das Wort. Den Ruf als Literaturstadt verdankt Frankfurt hauptsächlich „seinem" Dichterfürsten Johann Wolfgang von Goethe. Aber auch Heinrich Hoffmann, der Vater des „Struwwelpeter" (1845/47) und Begründer der Psychiatrischen Heilanstalt Frankfurts, oder der Dichter und Verleger Friedrich Stoltze waren am Main zu Hause. Die Stadt richtet alljährlich im Oktober die weltgrößte Buchmesse aus, leistet sich ein Literaturhaus, eine Romanfabrik, einen Stadt(teil)schreiber und ein Literaturfest. Kultur wird großgeschrieben in Frankfurt. Neues paart sich (meist) problemlos mit Bekanntem, Intellektualität mit Bodenständigkeit. Die Frankfurter Schule um die Philosophen Theodor W. Adorno, Max Horkheimer und Jürgen Habermas ist legendär. Groß ist am Main aber auch die Lust am Feiern, am geselligen Entspannen in Cafés, Kneipen, Bars und Restaurants, beim Work-out oder beim traditionellen Sport. Auch mal passiv im Stadion, wo die Eintracht oder die kleineren Sportvereine zu Hause sind.

BUSINESS? USUAL!

Aber es stimmt: Business ist der Motor der Stadt. Und zwar von Beginn an. Bald nachdem Karl der Große Franconofurt begründet und eine Synode einberufen hatte, machte die Siedlung als Handelsplatz von sich reden. Fürsten- und Reichsversammlungen brachten reichlich Interessenten nach Frankfurt, zahlreiche Könige und Kaiser erlebten hier ihre Krönung, und Mitte des 19. Jhs. feierte man in der Frankfurter Paulskirche die Geburt der deutschen Demokratie. Als heutige Finanzmetropole versammelt Frankfurt in beeindruckender Dichte alles, was Rang und Namen hat in der Wirtschaftswelt, von der Deutschen Bundesbank über die Europäische Zentralbank, für die eigens die neue ⚑ Osthafenbrücke über den Main gebaut wurde, und der – 2008 allerdings in einen Vorort verzogenen – Deutschen Börse AG. Ein wichtiger Arbeitgeber ist auch der Frankfurter Flughafen, nach London-Heathrow und Paris-Roissy der drittgrößte Europas. Frankfurt – eine Stadt der Kontraste und „Merkwürdigkeiten", wie schon Johann Wolfgang von Goethe, der wohl berühmteste Sohn der Stadt, befand. Und so wird jeder Besucher in der Mainmetropole ein anderes persönliches Highlight finden – entdecke dein Frankfurt!

AUF EINEN BLICK

753.056
Einwohner

Köln: 1.075.935

337,5 m
Europaturm

Die Wolkenkratzer im Bankenviertel messen bis zu 258,7 m.

23 km²
Gesamtfläche fasst der Frankfurter Flughafen

New Yorks JFK-Flughafen: 19 km²

7 KRÄUTER
müssen es sein für die Grüne Soße, keines mehr oder weniger!

BERÜHMTE FRANKFURTER:

Johann Wolfgang von Goethe
Anne Frank
Otto Hahn
Hans Zimmer

BIS ZU 300.000 l APFELWEIN

verkauft die Kelterei Possmann – pro Tag! – vom Stöffsche

393.838 m²

Ausstellungsfläche plus Freiflächen machen die Frankfurter Messe zur drittgrößten weltweit

WESTEND-SÜD

Wohnen in Frankfurt ist teuer, hier ganz besonders: Über 7000 Euro kostete hier im Schnitt 2018 ein Quadratmeter Eigentumswohnung.

Von wegen grau:
52 % DES STADTGEBIETS SIND GRÜNFLÄCHE

RUND 75.000 MENSCHEN arbeiten in der Finanz- und Versicherungsbranche

FRANKFURT VERSTEHEN

STÖFFCHE & BEMBEL

Um Legenden über die Entstehung ihres Nationalgetränks Apfelwein sind die Frankfurter nie verlegen. Die Einen behaupten, Kaiser Karl sei der „Erfinder": Sein monarchisches Gewicht habe aus einem auf einem Stuhl liegenden Apfel alle Flüssigkeit gepresst. Andere erzählen die Geschichte der beiden diebischen Soldaten, die ihre Apfelbeute ausgerechnet im Kanonenrohr versteckten, vom Hauptmann ertappt wurden und zusehen mussten, wie der Kanonenputzer so lange im Rohr herumstocherte, bis „daraus quoll ein Strom hervor". Wie dem auch sei, gewerblich ausgeschenkt wird das gekelterte „Stöffche" seit dem 17. Jh.; immer schon in einem Steingutkrug (Bembel) und in geschliffenen Gläsern (Gerippte). Der Herstellungsdreiklang *Süßer* (frisch gepresst nach der Ernte), *Rauscher* (nach einigen Wochen Gärung, trüb, leicht moussierend), *Neuer* (nach Abschluss des Gärprozesses, klar) ist bis heute gültig – ebenso wie die vier Schreibweisen Äppelwoi, Äppelwei, Ebbelwei und Ebbelwoi.

DAS NEUE ALT

Man liebt sie oder man hasst sie, aber gesehen haben sollte man sie: Im Herbst 2018 wurde sie fertiggestellt, die *Neue Altstadt*, wie das heftig umstrittene Dom-Römer-Quartier auch genannt wird. Während die Frankfurter kreativen Ideen in Sachen Stadterneuerung in der Regel aufgeschlossen gegenüberstehen, sorgten die Pläne zur Neugestaltung der Altstadt von Beginn an für heftige Kontroversen. Auf dem Areal zwischen Dom, Braubachstraße und Römerberg, wo einst das Technische Rathaus stand, wurden 35 neue Häuser mit insgesamt 80 Wohnungen errichtet – 15 davon als „schöpferische Nachbauten" lokaler historischer Substanz, der Rest mit „typischen Stilelementen der Frankfurter Altstadt". Geschichtsvergessenes Disneyland oder gelungene Stadtgestaltung? Bei einer Führung (Frankfurt Tourismus, s. S. 128) kann man sich eine eigene Meinung bilden.

GRÜN STATT GRAU

Wer denkt, Wolkenkratzer und Natur gehen schlecht zusammen, der wird in Frankfurt eines Besseren belehrt: Die Mainmetropole besitzt den größten stadteigenen Wald der Bundesrepublik. Außerdem liegen auf dem Stadtgebiet ein Dutzend öffentlicher Parks. Der Ostpark beispielsweise wurde um 1900 als Freizeitstätte für die Bevölkerung konzipiert, mit Spielwiesen, Badeteich und Schulgarten. Wenige Jahre später entstand auf der Kuppe des Lohrbergs ebenfalls ein Bürgerpark: mit Obsthainen, Versuchsgarten, Schreberparzellen, einer Ausflugsschänke und sogar einem kleinen Weinstock.

Richtig viel Wald und Wiese bietet auch der Frankfurter Grüngürtel: In dem stattlichen Freiraum rings um die

„Stöffche" im Bembel und im Gerippten, dazu gibt's Handkäs mit Musik

Stadt lässt sich eine Reihe von skurrilen Kunstwerken, geschaffen von Mitgliedern der Neuen Frankfurter Schule, entdecken. Am besten leiht man sich dazu ein Rad (s. S. 124) – ohnehin die beste Möglichkeit, den Grüngürtel zu erkunden. Zu den im besten Sinne merkwürdigen Arbeiten zählt u. a. natürlich das Grüngürteltier, über das sein Schöpfer, der Zeichner und Dichter Robert Gernhardt, sagte, es sei so rar wie „das Kreuzungsergebnis aus Wutz, Molch und Star". Unübersehbar indes sind die „Dicke Raupe" von F. K. Waechter, ein knallgrünes Kunststoffobjekt auf einem zarten Birkenast im Erlenbruch, und das „Ich-Denkmal" von Hans Traxler in der Mainuferanlage zwischen Gerbermühle und Ruderdorf. Wer sich noch ein bisschen tiefer ins grüne Dickicht wagt, kann mit etwas Glück gar die „Eule im Norwegerpullover", den „Struwwelpeter"- oder den „Pinkelnden Baum" entdecken.

MAINLIFE

Frankfurt entdeckt seinen Fluss, vor allem aber dessen Ufer wieder, denn baden darf man heute offiziell nicht mehr im Main. Aber einige Gastwirte stellen nun wieder Tische und Bänke vor die Kulisse von Museumsufer und Hochhausskyline, in Brückenköpfen und -gewölben entstehen Bars und Kneipen, und die Uferstreifen verwandeln sich seit einigen Sommern in weite Strandlandschaften mit Palmen,

Zum Drink nach dem Abendspaziergang lädt der Kiosk im Günthersburgpark ein

feinem Sand, Liegestühlen und Beachvolleyballfeldern. Das ehemalige Schlachthofgelände am Sachsenhäuser Ufer und die beiden Hafenareale entwickelten sich zu luxuriösen Wohngebieten. Und auf dem Gelände der historischen Großmarkthalle hinter der Weseler Werft geht die Rückbesinnung auf die Reize des Mains weiter: Die Europäische Zentralbank hat hier ihr neues Quartier.

TREFFPUNKT KIOSK

Mit Einheimischen unter freiem Himmel trinken? Geht am besten hier: Die „Wasserhäuschen", auch Büdchen oder Trinkhallen genannt, gehören seit Mitte des 19. Jhs. zum Frankfurter Stadtbild.

Ursprünglich dazu bestimmt, die Bevölkerung mit unbedenklichem Trinkwasser zu versorgen, haben einige nun auf die Versorgung mit alkoholischen und nicht-alkoholischen Getränken umgestellt – etwa das *Gudes (Friedberger Landstr. 107 | gudesfrankfurt.de)*, das *Fein* (s. S. 63) oder die *Trinkhalle (Obermainanlage 24 | trinkhalle-frankfurt.de)*. Das *Orange Beach (Gutleutstr. 391 | orange beach-frankfurt.de)* trumpft mit seiner Lage direkt am Main, ganz urban geht es dagegen im *Yok Yok (Münchener Str. 32)* im Bahnhofsviertel zu.

KOSMOPOLITISCH

Weltoffen ist die Stadt aus Tradition – und das hat viel mit ihrer Geschichte als Handels- und Freie Reichsstadt zu tun: Kontakte knüpfen und kosmopolitisch denken und handeln gehörte hier schon zum Selbstverständnis, als Berlin noch tiefstes Preußen war. Dass heute in Frankfurt die verschiedensten Kulturen friedlich zusammenleben, ist seit 1989 auch der Arbeit des Amts für multikulturelle Angelegenheiten (AmkA) zu verdanken. Es vermittelt z. B. bei Konflikten mit Nachbarn, Behörden und der Polizei, leistet Antidiskriminierungsarbeit, führt Projekte zur sprachlichen und beruflichen Eingliederung durch und ist Mitausrichter der interkulturellen Wochen. Das meiste läuft in Frankfurt aber ganz informell und ohne behördliche Hilfe: Im Stadtgebiet durchmischen sich Bewohner aus (je nach Zähldatum) bis zu 179 Nationen und Besucher, „Eigeplackte" respektive Zugezogene und Expats, die manchmal nur kurz für einen Job bleiben, in der Regel harmonisch.

HÄUSER, DIE AN DEN WOLKEN KRATZEN

Ob man ihn nun albern findet oder nicht: Der Name „Mainhattan" kommt nicht ganz von ungefähr. Denn Frankfurt ist die einzige deutsche Stadt mit einer stattlichen Skyline. So findet man hier aktuell rund 30 Gebäude mit einer Höhe von über 100 m, ganze 15 davon sind höher als 150 m und dürfen sich somit „Wolkenkratzer" nennen (zum Vergleich: in ganz Deutschland sind es sonst nur 16!).

KLISCHEE KISTE

HESSE FRESSE ASCHEBESCHÄ

Der echte Frankfurter ist ein Frankfodder und spricht schönstes, weiches, breites Hessisch. Hör dir einmal ein paar Minuten Badesalz oder Mundstuhl an (beide Komiker-Duos sind Frankfurter): Ziemlich genau so babbelt man hier. Außerdem duzt der Frankfurter alles und jeden, ungeachtet des tatsächlichen Alters – deshalb bitte nicht auf den Schlips getreten fühlen.

BANKFURT, KRANKFURT, CRACK CITY

Zwei Serien wurden jüngst in Frankfurt gedreht: „Bad Banks" (finstere Banker-Machenschaften) und „Skylines" (HipHop und krumme Geschäfte im Bahnhofsviertel). Damit wären die ewigen Klischees, die in den Namen Bankfurt und Krankfurt ihre Entsprechung finden, gut umrissen. Was stimmt: Es gibt hier mehr Banken als anderswo in Deutschland. Was auch stimmt: 1994 beschloss die Stadt den „Frankfurter Weg", eine liberale Drogenpolitik. Es gibt hier aber nicht mehr Drogenabhängige als anderswo – sie sind nur wie im Bahnhofsviertel besser sichtbar. Krimineller ist die Stadt auch nicht unbedingt: Ein Großteil der Straftaten, die für einen oberen Platz in den Kriminalstatistiken sorgen, gehen auf Zolldelikte am Flughafen zurück.

Noch ist der Commerzbank Tower der höchste Wolkenkratzer im Bankenviertel

Und es ist noch lange nicht Schluss: Allein 20 neue Türme sollen hinzukommen, um dem riesigen Bedarf an neuem Wohnraum Rechnung zu tragen. Das ist nicht nur städtebaulich sinnvoll, sondern auch für die Umwelt gut: Auf kleiner Fläche kann so mit verhältnismäßig geringem Aufwand gebaut und gewohnt werden. Kein Wunder, dass inzwischen gleich mehrere Bauten als „Green Buildings" ausgezeichnet sind – wie die *Doppeltürme der Deutschen Bank* oder der *Commerzbank Tower*. Besichtigen kann man übrigens ganzjährig den *Main Tower* (s. S. 51). Wer noch mehr Wolkenkratzer entdecken möchte, kann sich einer der zahlreichen Hochhaus-Rundgänge anschließen (s. S. 128). Das höchste Gebäude der Stadt befindet sich übrigens gar nicht im Bankenviertel – es ist der Europaturm, ein Fernmeldeturm im Stadtteil Ginnheim, den man leider nicht mehr besichtigen kann.

DIE NEUE FRANKFURTER SCHULE

„Unsere Waffe sollte die Wasserpistole sein" – so das Motto dieses Zusammenschlusses von Schriftstellern und Zeichnern. Die lächerliche Überhöhung aktueller wie althergebrachter Themen praktizierten die Gruppenmitglieder in der Zeitschrift „Pardon" und im Satire-Magazin „Titanic". Die „Stammzelle" der NFS bildeten Chlodwig Poth, Hans Traxler, F. K. Waechter und F. W. Bernstein. Es folgten Robert

Gernhardt sowie Eckhard Henscheid, Pit Knorr und Bernd Eilert. Der Name Neue Frankfurter Schule wurde in ironischer Anlehnung an die philosophische Frankfurter Schule mit Max Horkheimer und Theodor W. Adorno, die in den 1930er-Jahren die Kritische Theorie der Gesellschaft begründet hatte, gewählt. 2006 erwarb die Stadt Frankfurt etwa 4000 Originalzeichnungen als Grundstock für das 2008 eröffnete Museum für Komische Kunst Caricatura (s. S. 34).

U-BAHN-STATIONEN

Verschiedene Künstler gestalteten einige 🚇 U-Bahn-Stationen, hauptsächlich auf den Linien U 6 und U 7. An der Bockenheimer Warte signalisiert ein schräg in das Straßenpflaster gerammter historischer Trambahnwagen den Eingang zur Station; ihre Wände sind mit riesigen Schwarz-Weiß-Fotos aus dem Studentenalltag dekoriert. Am Zoo grüßen Krokodile, Elefanten und anderes Getier aus Beton bzw. auf Kacheln den Fahrgast, die Tunnelröhre schmücken fröhlich-bunte Arche-Noah-Motive. An der Habsburger Allee bilden Esel in Computerbildmanier ein gut 100 m langes Mosaik, während am Parlamentsplatz Scherenschnitte unsere Konsum- und Warenwelt illustrieren und karikieren.

JÜDISCHE SPUREN

Ludwig Börne, die Rothschilds, Max Beckmann, die Oppenheims, Paul Ehrlich und Anne Frank sind nur die bekanntesten Namen. 30 000 jüdische Bürger zählte die Mainmetropole einst. Noch im ersten Drittel des 20. Jhs. förderten mehr als sechzig jüdische Stiftungen Kunst und Wissenschaft, fast zwei Drittel des Finanzgeschäfts lagen in jüdischer Hand. Nach der Deportation durch die Nazis, die von der Großmarkthalle auf dem heutigen EZB-Gelände ausging, wo heute eine *Erinnerungsstätte* (🔲 P4) (short.travel/ffm8 | U 6 Ostbahnhof) an diese schreckliche Zeit erinnert, brachen ganze Wirtschaftszweige zusammen.

Das *Jüdische Museum* (s. S. 41) und das *Museum Judengasse* (s. S. 33) geben Einblick in die jüdische Geschichte wie auch in die Jetztzeit. An die im KZ Bergen-Belsen verstorbene Anne Frank erinnert u. a. eine Ausstellung in der *Bildungsstätte Anne Frank* (🔲 M1) (So 12–18 Uhr | Hansaallee 150 | Eintritt frei | bs-anne-frank.de | U 1–3/8 Dornbusch). Über das jüdische Ostend informiert eine Ausstellung in einem *Hochbunker* (🔲 P3) (So 11–14 Uhr | Friedberger Anlage 5–6 | 3 Euro | synagoge-friedberger-anlage.de | S-Bahnen Ostendstraße), der auf den Grundmauern der einst größten Frankfurter Synagoge errichtet wurde. Gerade durch den Zuzug osteuropäischer Juden ist die Gemeinde heute wieder relativ stark – und mit Aktionen wie der Teilnahme an Kunstfestivals auch jenseits religiöser Themen in der Stadt präsent. Mit Yossi Elad ist inzwischen auch ein israelischer Spitzenkoch in Frankfurt heimisch geworden: Für die hippe *Bar Shuka* (🔲 M4) (Niddastr. 56 | bar-shuka.com | U-, S-Bahnen Hauptbahnhof) im Bahnhofsviertel hat er seine Interpretation einer „New Tel Aviv"-Küche umgesetzt.

SIGHT
SEEING

Frankfurt ist eine Stadt der Kontraste: cool und charmant, businessorientiert und zugleich voller Kunst und Kultur. Große Distanzen kennt man in „Mainhattan" nicht – fast alle Sehenswürdigkeiten liegen im Zentrum oder nur wenige Minuten entfernt. Zu Fuß, per Rad oder mit öffentlichen Verkehrsmitteln lässt sich die Stadt wunderbar erobern – das Auto bleibt am besten gleich in der (Hotel-)Garage. Das gilt auch für jene Stadtteile, die den historischen Kern Frankfurts umschließen. Außerdem ist Frankfurt Museumsstadt: Fast fünfzig Sammlungen und Institute – von Avantgarde bis

In der Wandelhalle der Paulskirche

Alte Meister, von Technik bis Natur – liegen innerhalb der Stadtgrenzen, viele am sogenannten Museumsufer, dem ⚑ Schaumainkai, im südlich des Flusses beginnenden Stadtteil Sachsenhausen.
Last but not least ist Frankfurt eine Outdoor-Destination, ein lebendiges Stück Architekturgeschichte. Futuristische Bankenpaläste und historische Bürgerpalais, ruhige Parks und belebte Einkaufsstraßen bilden ein stimmiges, nur dem Flaneur sich wirklich erschließendes Puzzle. Regelmäßig werden in ihm alte Teile ersetzt und immer wieder auch neue hinzugefügt.

DIE STADTVIERTEL IM ÜBERBLICK

GINNHEIM

DORNBUSCH

Hauptfriedhof

Miquelallee

Adickesallee

Nibelungenallee

STADTMITTE S. 30

Historisches Herz der Stadt mit vielen Bauwerken, Museen und Geschäften

Grüneburg-park

Zeppelinallee

Reuterweg

WESTEND NORD

NORDEND WEST

★ Palmengarten ★

BOCKENHEIM

★ Naturmuseum Senckenberg ★

Theodor-Heuss-Allee

★ Hochhäuser & Bankenviertel ★

Mainzer Landstraße

EUROPA-VIERTEL

Hauptbahnhof

GALLUS

★ Goethehaus & -museum ★

Museum für Moderne Kunst (MMK) ★

★ Paulskirche ★

★★ Kunsthalle Schirn ★
Römerberg

BAHNHOFSVIERTEL

★ Deutsches Filmmuseum ★

★ Städel-Museum ★

Baseler Str.

Gutleutstraße

Südbahnhof

GUTLEUTVIERTEL

Darmstädter Landstraße

BAHNHOFSVIERTEL S. 47

Früher Renommier-, dann Rotlichtviertel, heute wilder Mix auf kleinster Fläche

Mörfelder Landstr.

Kennedyallee

Süd-friedhof

1 km
0.62 mi

NORDEND & BORNHEIM S. 51

Wo „nett" kein Schimpfwort ist. Alte Gebäude, günstigere Lokale und viel Grün

Heinz-Herbert-Karry-Str.

Günthers- burgpark

BORNHEIM

Wittelsbacherallee

Saalburgallee

Danziger Pl.

Hanauer Landstraße

OSTEND

Gerbermühlstraße

Main

OBERRAD

SACHSENHAUSEN S. 42

Kunst & Kultur, Apfelweintradition & hübsche Wohnhäuser südlich des Mains

Frankfurter Stadtwald

MARCO POLO HIGHLIGHTS

★ **MUSEUM FÜR MODERNE KUNST (MMK)**
Hochkarätige zeitgenössische Kunst in einer ungewöhnlichen Hülle ➤ S. 33

★ **KUNSTHALLE SCHIRN**
Miró, Yoko Ono oder German Pop: „Weltkunst temporär vereint" lautet das Konzept ➤ S. 37

★ **PAULSKIRCHE**
Die steinerne Wiege der deutschen Demokratie ➤ S. 37

★ **RÖMERBERG**
Herz der Stadt mit dem Rathaus, Fachwerkbauten und der Alten Nikolaikirche ➤ S. 38

★ **GOETHEHAUS & –MUSEUM**
Wohnkultur des 18. Jhs. und die Kunst der Goethezeit an des Dichters Wiege ➤ S. 40

★ **STÄDEL-MUSEUM**
Spektakuläre Sammlung von Alten Meistern bis zu den Künstlern der Moderne ➤ S. 43

★ **DEUTSCHES FILMMUSEUM**
Kinogeschichte in all ihrer Vielfalt, präsentiert mit modernsten Mitteln ➤ S. 45

★ **HOCHHÄUSER & BANKENVIERTEL**
Deutschlands höchste Dichte himmelsstürmender Fantasien ➤ S. 50

★ **NATURMUSEUM SENCKENBERG**
Alles, was auf Erden kreucht(e) und fleucht(e) ➤ S. 55

★ **PALMENGARTEN**
Tropische Gewächse und mehr im historischen Landschaftspark ➤ S. 56

STADTMITTE

Im historischen Herzen Frankfurts drängen sich die Sehenswürdigkeiten wie in keinem anderen Viertel. Auf dem Domturm bekommst du dank Blick auf das Dom-Römer-Quartier, dessen Bebauung sich an den alten Straßenverläufen orientiert, einen guten Eindruck von den einstigen mittelalterlichen Strukturen am und um den Römerberg. Und natürlich von der heftig umstrittenen, geliebten oder gehassten Neuen Altstadt (s. S. 20).

Das Foto vom Römerberg ist ein Muss für fast alle Gäste der Stadt. Zeitgenössische Moderne und verbliebene oder rekonstruierte Traditionsarchitektur stehen zwischen Eschenheimer Turm und Mainufer Mauer an Mauer. In der Paulskirche nahm die deutsche Demokratie ihren Anfang, Frankfurts Dichtersohn Johann Wolfgang von Goethe wuchs im nahen Hirschgraben auf, wo derzeit das Romantik-Museum entsteht. Und zwischen dem Museum für Moderne Kunst an der Braubachstraße, die sich mit dem Haus des Buches, dem Fotografieforum und Galerien immer mehr zur Kulturmeile mausert, und der Kaufhausmeile Zeil lassen sich Shoppen, Ausgehen und Kultur bestens miteinander verknüpfen – eine ganze Reihe von Restaurants, Bars, Clubs und Kinos sorgen für Vergnügen bis spät in den Abend.

1 FRESSGASS' ⚑

So einfach macht dir Frankfurt die Orientierung – vor allem wenn dein Magen knurrt. Ungestört vom Autoverkehr bummelt man zwischen Alter Oper und Zeil und wählt in Feinkostläden und Cafés aus, nach was einem der Sinn steht. Dabei sollte man nicht die begehbare Brunnenanlage aus grauem Granit und die dralle, steinerne Liegende, im Volksmund „Fett Gret" genannt, übersehen. Im Sommer findet auf dem edlen, kopfsteingepflasterten Laufsteg der Rheingauer Weinmarkt statt, alljährlich im Mai steigt das Freßgassfest. *U-/S-Bahnen Hauptwache | U 6/7 Alte Oper | ⌂ N3*

2 HAUPTWACHE

Wo früher mal ein Wachlokal und Gefängnis war, zog bereits 1905 ein Café ein. Außerdem markiert die Hauptwache das Zentrum des städtischen Nahverkehrs: Unter ihr liegt der wichtigste

---

WOHIN ZUERST?

Der **Römerberg** *(⌂ N4)* ist der ideale Ausgangspunkt für einen Citybummel. Hier befindet sich das Rathaus und die Neue Altstadt, man blickt auf Paulskirche und Dom sowie auf die Kunsthalle Schirn – und es sind nur ein paar Minuten Fußweg zum Goethehaus, zu den Shoppingmeilen Zeil und Goethestraße sowie zum Sachsenhäuser Museumsufer. Eine Tiefgarage liegt direkt unter dem Römerberg. Wer mit öffentlichen Verkehrsmitteln anreist, steigt an der Haltestelle Dom/Römer (U 4/5, Straßenbahn 11, 12) aus.

Vom Gefängnis zum Café: die Hauptwache an der Zeil

U-Bahnknoten Frankfurts. Für dessen Bau wurde das Ensemble komplett ab- und nach zwei Jahren, 1968, originalgetreu wieder aufgebaut. Geschichtliche Bedeutung erlangte die Hauptwache durch den Wachensturm 1833, als junge Revolutionäre ein Signal zur Errichtung einer Republik geben wollten. *An der Hauptwache 15 | U-/S-Bahnen Hauptwache |* 🚇 *N3*

3 ESCHENHEIMER TURM

Der 50 m hohe gotische Turm, 1428 von Dombaumeister Madern Gerthener vollendet, gilt als der prächtigste des einstigen dritten Stadtrings. Als die Stadtmauer Anfang des 19. Jhs. abgerissen und durch die Wallanlagen ersetzt wurde, blieb der Eschenheimer (oder Eschersheimer) Torturm

dank der Fürsprache des Gesandten der damaligen französischen Besatzer als einer der wenigen Stadttürme erhalten. *Eschenheimer Tor | U 1–3, 8 Eschenheimer Tor |* 🚇 *N3*

4 KATHARINENKIRCHE

Frankfurts protestantische Hauptkirche steht an der Stelle des ehemaligen Jungfrauenklosters und Spitals des Deutschen Ordens. Am 9. März 1522 verkündete hier ein Schüler Luthers die Reformation in Frankfurt. 1678–1681 schuf Melchior Häßler einen neuen, nachgotischen Saalbau mit Flankenturm und barocken Zierportalen. Georg Philipp Telemann amtierte von 1712 bis 1721 als Kirchenmusikdirektor. Goethe wurde in der Katharinenkirche getauft und

STADTMITTE

Gärtnerweg

Eschersheimer Landstr.

Bockenheimer Anlage

Neue Mainzer Str.

Eschersheimer Querstraße

Oeder Weg

Blumenstr.

Sternstr.

Krögerstr.

Eschenheimer Anlage

Bleichstr.

Friedberger Landstraße

Bethmann-park

U

3 Eschenheimer Turm

Stiftstr.

Rahmhofstr.

Gr. Eschenheimer Str.

Alte Gasse

Konrad-Adenauer-Str.

Heiligkreuz-

gasse

Seilerstr.

INNENSTADT

U **S**

Zeil

Albusstr.

Klingerstr.

1 Freßgass'

Taubenstr.

U **S**

Zeil

Töngesg.

2 Hauptwache

Katharinenkirche **4**

5 Liebfrauenkirche

**Alter
Jüdischer
Friedhof**

Roßmarkt

Bleidenstr.

Ziegelg.

Museum Judengasse **6**

7

Battonnstraße

9

**Pauls-
kirche ★** **19**

Museum für Moderne Kunst (MMK) ★

Goethehaus & **25**
-museum ★

Berliner Straße

Bethmannstr.

Römerberg ★

Römer **20** **21**

8 Fotografie Forum Frankfurt

18 **Kunst-
verein**

17

10 Kaiserdom

Kunsthalle Schirn ★

11 Caricatura – Museum für Komische Kunst

Alte Nikolaikirche **16**

15 Junges Museum Frankfurt

U

24 Karmeliterkloster

14 Historisches Museum

Schöne Aussicht

Archäologisches Museum **23**

22 Leonhardskirche

12 Alte Brücke

13 Eiserner Steg

Hofstr.

Main

Untermainbrücke

Sachsenhäuser Ufer

Dreikönigsstr.

Deutschherrnufer

26 Jüdisches Museum

Schaumainkai

Schifferstraße

SACHSENHAUSEN

Metzlerstr.

Brückenstr.

200 m
219 yd

konfirmiert. 1944 wurde die Kirche zerstört, 1950–1954 wiederaufgebaut: außen detailgetreu, innen vereinfacht, mit Glasgemälden biblischer Szenen von Carl Cordel. Jeweils Mo und Do um 16.30 Uhr erklingt ein ♪ kostenloses 30-minütiges Orgelkonzert. *An der Hauptwache 1 | katha*

rinenkirche.de | U-/S-Bahnen Haupt-wache | 📖 *N3*

5 LIEBFRAUENKIRCHE

Kirche und Klosterhof des *Kapuziner-klosters* sind eine Oase im Citygewimmel. Das im Inneren schlichte Gotteshaus wurde um 1310 als Marienkirche am Rand der Stadt errichtet und in der Folgezeit ständig umgebaut. Im Zweiten Weltkrieg zerstört, begann 1954 der Wiederaufbau der Kirche. Das Tympanonrelief mit der Anbetung der Weisen aus dem Morgenland (um 1425) schmückte einst das Portal an der Südseite. Heute ziert ein großflächiges Wandgemälde von Guido Zimmermann eines der Klostergebäude. *Liebfrauenstr. 4 | U-/S-Bahnen Hauptwache | ᗈ N3*

6 MUSEUM JUDENGASSE

Das Museum Judengasse ist eine Dependance des Jüdischen Museums (s. S. 41). Es befindet sich am Rand des einstigen Ghettos und birgt eine komplett neu gestaltete Dauerausstellung zum jüdischen Alltagsleben in der frühen Neuzeit. Für Kinder gibt's einen 👓 Parcours mit interaktiven Stationen und sogar ein Mitmachbuch, das zu detektivischen Entdeckungstouren durch die historischen Ruinen einlädt. *Di 10–20, Mi–So 11–18 Uhr | Battonnstr. 47 | 6 Euro | U-/S-Bahnen Konstablerwache | Straßenbahn 11/12 Battonnstraße | ᗈ O4*

7 ALTER JÜDISCHER FRIEDHOF

Bereits im Mittelalter angelegt, ist dieses Totenareal das zweitälteste seiner Art in Deutschland, hinsichtlich seiner Geschlossenheit und Kontinuität (bis 1828) aber weltweit einmalig. Der älteste der meist aus rotem Sandstein gefertigten Grabsteine datiert von 1272. Bis zum Beginn des 19. Jhs. befanden sich auf dem ca. 12 000 m² großen Areal, das auch die jüdischen Gemeinden der Umgebung nutzten,

etwa 6500 Grabsteine und bis zur ersten Stadterweiterung im Jahr 1333 lag der Friedhof noch außerhalb der Stadtmauern. 1996 wurde die Umfriedungsmauer durch die Anbringung von Namenstafeln als Gedenkstätte gestaltet; sie erinnert an die 12 000 zwischen 1922 und 1945 aus Frankfurt deportierten und ermordeten Juden. *Battonnstr. | Schlüssel beim Friedhofsverwalter, Tel. 069 7 68 03 67 90 | Eckenheimer Landstr. 238 | U-/S-Bahnen Konstabler Wache | ᗈ O4*

8 FOTOGRAFIE FORUM FRANKFURT

Das Fotografie Forum Frankfurt schafft den Spagat. Fernab der Dimensionen großer Museen stellt das Team Ausstellungen auf die Beine, die anspruchsvolle Fotokunst zeigen und dabei trotzdem auch Laien Spaß machen. Fotografie-Fans sollten vor ihrem Besuch einen Blick ins spannende Rahmenprogramm werfen: Mal führen die ausstellenden Künstler selbst durch die Räume, ein anderes Mal werden Experten-Vorträge und Workshops zum aktuellen Ausstellungsthema geboten. *Di/Do–So 11–18, Mi 11–20 Uhr | Braubachstr. 30–32 | 6 Euro | fffrankfurt.org | U 4/5 Dom/Römer | Straßenbahn 11/12 Paulskirche/Römer | ᗈ O4*

INSIDER-TIPP
The Artist is present

9 MUSEUM FÜR MODERNE KUNST (MMK) ★ ☂

„Tortenstück" nennen die Frankfurter den dreieckigen Bau von Hans Hollein, der zur Heimat wurde für hochkarätige Werkgruppen amerikanischer und europäischer Kunst der 1960er-Jahre aus der Sammlung Ströher. Diese Werke (u. a. Roy Lichtenstein, Claes Oldenburg, Joseph Beuys) wurden ergänzt durch eine Kollektion internationaler zeitgenössischer Kunst. Im gegenüberliegenden Alten Zollamt zeigt das MMK wechselnde Arbeiten aus der allerjüngsten Generation. Neueste Dependance ist eine Etage im Taunusturm, in der Ausstellungen zu aktuellen Themen gezeigt werden. *Di/Do–So 10–18, Mi 10–20 Uhr | Domstr. 10 | 12 Euro | mmk-frankfurt.de | U 4/5 Römer |* ⏱ *2 Std. (MMK1), bis 4 Std. (alle Standorte) | ▥ O3*

🔟 KAISERDOM ☂

Hervorgegangen aus der karolingischen Salvator-Kapelle (852), war die St.-Bartholomäus-Kirche seit dem Mittelalter Wahlort der deutschen Könige. Von 1562 an wurden in ihr zehn deutsche Kaiser gekrönt. Das brachte ihr die Ehrenbezeichnung Dom ein – obwohl sie kein Bischofsitz war und bis heute nicht ist. 1867 brannte der gotische Hallenbau nieder; sämtliche Glocken schmolzen. Im Stil der Neugotik baute man ihn 1880 wieder auf. Damals wurde auch der 96 m hohe Turm vollendet, zu dessen Spitze 332 Stufen führen. Der Zweite Weltkrieg brachte erneut schwere Schäden am Dom; erst 1953 war er wiederhergestellt. Die historischen Ausmalungen wichen dabei schlichtem Weiß. Seit der Restaurierung zur 1200-Jahr-Feier Frankfurts 1994 be-

stimmt nun kräftiges Ziegelrot nach mittelalterlichem Vorbild die Wände und Pfeiler. Im Zuge dieser Restaurierung wurden im Dom auch archäologische Grabungen durchgeführt. Dabei entdeckten die Experten das Grab eines merowingischen Mädchens. Ihre Grabbeigaben sind im *Dommuseum (Di–Fr 10–17, Sa/So 11–17 Uhr | dommuseum-frankfurt.de)* ausgestellt. Zu den Schätzen im Inneren der Kirche zählen der Bartholomäus-Fries (15. Jh.), das Chorgestühl (Mitte 14. Jh.), der Maria-Schlaf-Altar (1434) sowie die Kreuzigungsgruppe (1509). Vor dem Dom finden sich im archäologischen Garten die ältesten Spuren Frankfurts: Reste eines römischen Militärlagers mit Thermen sowie der karolingischen Königspfalz. *Sa–Do 9–20, Fr 13–20 Uhr | Domplatz 1 | 3 Euro | U 4/5 Dom/Römer | ▥ O4*

1️⃣1️⃣ CARICATURA – MUSEUM FÜR KOMISCHE KUNST

Wo „lustig" draufsteht, muss es deshalb ja noch lange nicht wirklich lustig zugehen. Nicht umsonst nennt sich dieses Kleinod humoristischer Kunst deshalb auch „komisch" – und ist damit oft tatsächlich lustig. Etwa 8000 skurrile Originalzeichnungen der Begründer der Neuen Frankfurter Schule, zu denen u. a. Hans Traxler, Chlodwig Poth, F. W. Bernstein und Robert Gernhardt zählen, bilden den Grundstock für das Museum im Leinwandhaus. Dazu gibt's Sonderausstellungen zu Comic und Komik plus Events (z. B. Festival der Komik, Ende August). *Di, Do/Fr 11–18, Mi 11–21, Sa/So 10–18 Uhr | Weckmarkt 17 | 6 Euro | carica*

MMK: Modern ist nicht nur die Kunst, sondern auch die Architektur

tura-museum.de | U 4/5 Dom/Römer | ⏱ *1 ½ Std. |* 📖 *04*

🔢 ALTE BRÜCKE

Das Herzstück des historischen Handelswegs über den Main wurde bereits 1222 erstmals urkundlich erwähnt und war lange Zeit die einzige feste Verbindung über den Fluss. Immer wieder zerstört und ausgebessert, wurde sie 2006 grundsaniert und bekam ein Brückenhaus: die Städelschule-Ausstellungsstätte *Portikus* (s. S. 46). Die Kopie eines Rosenkranzkreuzes am Cityaufgang der Brücke erinnert daran, dass einst zum Tode Verurteilte von der Brücke gestoßen wurden. Die Insel vor den mit rotem Mainsandstein verkleideten Gewölbebögen ist Vogelschutzgebiet, regelmäßig machen hier Hunderte Zugvögel halt. *Bus 30/36 Schöne Aussicht |* 📖 *04*

🔢 EISERNER STEG 🚩

Brücken, die für einen Songtitel Pate standen, gibt es nicht viele. Diese kennt man vielleicht aus dem Film „What a Man", zu dem Philipp Poisel mit seinem Liebeskummer-Song den Soundtrack lieferte. Oder von Max Beckmanns Bild „Eisgang auf dem Main", das im Städel-Museum (s. S. 43) hängt. Ohne die Initiative von Frankfurts Bürgern hätte es die eiserne Konstruktion mit einer Bar im Sachsenhäuser Brückenkopf übrigens nicht gegeben: Sie finanzierten die

Fußgängerbrücke 1868/69 kurzent-schlossen selbst vor und erhoben dann fast zwei Jahrzehnte lang Brü-ckenzoll. *U 4/5 Römer* | *N4*

14 HISTORISCHES MUSEUM

Mehr über Frankfurts Geschichte er-fahren? Kannst du hier: Das Histori-sche Museum Frankfurt ist zwar im-mer noch historisch, aber hinter zeitgenössischer Fassade zu Hause. Die Sammlung des Hauses reicht vom Spätmittelalter bis ins 20. Jh. und um-fasst Ratssilber, Münzen, Textilien, Grafiken, Gemälde und Kunsthand-werk sowie regelmäßigen themati-sche Wechselausstellungen. *Di–Fr 10–18, Mi 10–21, Sa/So 11–19 Uhr* | *Fahrtor 2 | 8 Euro, am letzten Sa im Monat Eintritt frei* | *historisches-mus eum.frankfurt.de* | *U 4/5 Dom/Römer* | 2 *Std.* | *N4*

15 JUNGES MUSEUM FRANKFURT

Junge Besucher haben hier ihr eige-nes Museum: In zehn Kreativwerkstät-ten, einer historischen Drogerie und einem Forscherlabor gibt's auch für Kinder viel zu entdecken. *Di–So 10–18 Uhr (in den Ferien auch Mo)* | *Saal-hof 1 | Zwischenebene | Erw. 4 Euro, Kinder frei | Tel. 069 21 23 51 54 | kin dermuseum.frankfurt.de | U 4/5 Rö-mer* | *O4*

16 ALTE NIKOLAIKIRCHE

1264 erstmals urkundlich erwähnt, war die königliche Hofkirche im 15. Jh. Mit-telpunkt der städtischen Almosenpfle-ge und wurde als Ratskirche genutzt. Nach ihrer Aufstockung erhielt sie eine gotische Dachgalerie (1476), von der die Ratsherren die Festlichkeiten auf dem Römerberg verfolgten. Vor ihren

Die Zeiten von Brückenzoll sind längst vorbei – auf dem Eisernen Steg

Mauern entstand in hölzernen Wechselstuben Frankfurts Bankenwesen. Vom Turm ertönt täglich dreimal das 47-stimmige Glockenspiel (9.05, 12.05, 17.05 Uhr) mit jeweils zwei Melodien. *Tgl. 10–20, im Winter 10–18, im Advent 10–21 Uhr | Am Römerberg 9 | alte-nikolaikirche.de | musikaltnikolai. de | U 4/5 Dom/Römer | 🗺 N4*

🟥17 KUNSTHALLE SCHIRN ⭐ 🚩

Von Edvard Munch bis zur aktuellen Avantgarde: Die Schirn-Kunsthalle ist ein Mekka zeitgenössischer und moderner Kunst – übrigens ohne eigene Sammlung, nur mit Leihgaben. Manchmal fertigen Künstler sogar Kunstwerke speziell für die Schirn an, zum Beispiel Installationen. Mit dem Kombiticket kann man beide jeweils aktuellen Sonderausstellungen besuchen. In den Sommermonaten lockt die „Schirn at Night" mit Party und Kunst (Termine auf der Website). Jeden 1. So im Monat (12–13 Uhr) gibt es eine 👥 Familienführung. Interessant designt ist das Museumsrestaurant *Badias (Mo geschl. | Tel. 069 98 66 99 69 | badias.de | €)*, in dem man die vielen Eindrücke verarbeiten oder gleich zum Sonntagsbrunch kommen kann.

Nicht so viel Zeit? Die *Rotunde* ist quasi der erweiterte Ausstellungsbereich

INSIDER-TIPP
Eine Runde durch die Rotunde

der Schirn in den Außenbereich – tagsüber für jedermann beidseitig geöffnet. ==Die wechselnden Installationen von internationalen Künstlern sind gratis zu besichtigen, kein Kartenkauf nötig.== *Di/Fr–So 10–19, Mi/Do*

10–22 Uhr | Römerberg 6 | 9–14 Euro (ausstellungsabhängig) | schirn.de | U 4/5 Römer | 🗺 O4

🟥18 KUNSTVEREIN

Virtuelle Welten, künstliche Intelligenzen und die schmale Grenze zwischen Mensch und Tier: Der Kunstverein präsentiert zeitgenössische Kunst in alten Mauern – aufgezogen in Galerienmanier und gern mit einem gesellschaftspolitischen Anspruch. Auch Künstlergespräche und Lesungen gehören zum Programm. *Di/Mi, Fr 11–19, Do 11–21, Sa/So 10–19 Uhr | Markt 44 | Steinernes Haus | 8 Euro | fkv.de | U 4/5 Römer | 🗺 O4*

🟥19 PAULSKIRCHE ⭐ ⛪

Kein Gotteshaus, sondern ein politisches Denkmal: als Stätte der ersten Deutschen Nationalversammlung 1848. Fast 800 Parlamentarier kamen hier an der Stelle des einstigen Barfüßerklosters zusammen, um Deutschland eine liberale Verfassung zu geben. Ein Monumentalfries (32 m) des Berliner Malers Johannes Grützke erinnert mit historischen, zeitgenössischen, allegorischen und anekdotischen Szenen an den Einzug der Volksvertreter in die 1833 geweihte Saalkirche. Nach dem Zweiten Weltkrieg nicht originalgetreu rekonstruiert und Ende der 1980er-Jahre erneut verändert, wird die Paulskirche heute vor allem für wichtige nationale Ehrungen genutzt: die Verleihung des Goethepreises z. B. oder des Friedenspreises des Deutschen Buchhandels. Im nüchternen Plenarsaal hängen die Flaggen aller Bundesländer. *Tgl. 10–17 Uhr außer bei Veranstaltungen | Paulsplatz 11 | U 4/5 Dom/Römer | Straßenbahn 11 Römer | ⌑ N4*

20 RÖMER

Frankfurts historisches Rathaus zählt zu den bekanntesten Aushängeschildern der Stadt – auch wenn sein heutiges Gesicht kaum noch etwas mit seinem historischen Ursprung zu tun hat. Doch der Reihe nach: Das Gebäude entstand 1405 aus den beiden mittelalterlichen Häusern Zum Römer (dessen vormaliger Besitzer vorwiegend mit Rom Handel getrieben haben soll) und Goldener Schwan. Im Erdgeschoss entstanden die bis 1846 benutzten Kauf- und Messehallen, darüber richtete man 1612 den Kaisersaal ein, in dem bis 1806 die Krönungsbankette von zehn deutschen Kaisern stattfanden. Bis Ende des 19. Jhs. kaufte die Stadt weitere elf Gebäude hinzu. Bomben zerstörten im Zweiten Weltkrieg das gesamte Ensemble. 1950–1953 wurde das Rathaus komplett wiedererrichtet. In dem modern wiedererbauten Kaisersaal sind Bildnisse von 52 deutschen Kaisern versammelt – von Karl dem Großen bis Franz II. Alle Werke entstanden erst im 19. Jh. An der Rückfront des Rathausensembles lässt sich im *Römerhöfchen (Limpurger Gasse)* eine bedachte Treppenspindel entdecken, eines der wenigen erhaltenen Zeugnisse Frankfurter Renaissancebaukunst. *Kaisersaal tgl. 10–13 u. 14–17 Uhr (bei Veranstaltungen geschl.) | Römerberg 27 | 2 Euro | U 4/5 Dom/Römer | ⌑ N4*

21 RÖMERBERG ★ ⚑

Zentraler Platz der Frankfurter Altstadt, die bis zu ihrer Zerstörung kurz vor Ende des Zweiten Weltkriegs mit ihren mehr als 2000 Gebäuden als die größte noch in mittelalterlichen Formen erhaltene in Deutschland galt – obgleich viele Häuser erst im 17. und 18. Jh. erbaut worden waren. Auf dem leicht abschüssigen Areal, früher auch Samstagsberg genannt, wurden seit dem 9. Jh. Märkte und Kundgebungen abgehalten, Turniere ausgefochten und Feste gefeiert. Besonders gestaltete Pflastersteine erinnern z. B. vor der Alten Nikolaikirche an die historische Ochsenküche, in der nach der Kaiserkrönung jeweils zwei Tage ein ganzer Ochse am Spieß gebraten wurde.

Im 16. Jh. stand der Römerberg in dem Ruf, der schönste Platz im Heiligen Römischen Reich Deutscher Nation zu sein. Heute wird die „gudd Stubb" Frankfurts neben Römer und Nikolaikirche geprägt durch die 1986 nach historischen Plänen wiederaufgebauten Fachwerkhäuser der Ostzeile und des Schwarzen Sterns. Jedes dieser Gebäude ist ein typischer Vertreter mainischer Fachwerkbauweise. Sie heißen (von links): Großer Engel (hier wurde im 17. Jh. die erste Bank Frankfurts gegründet), Goldener Greif, Wilder Mann, Kleiner Dachsberg, Großer und Kleiner Lauberberg. Restaurants und ein Minicafé logieren in ihren Erdgeschossen. Schon früher florierte an dieser Stelle eine Apfelweinwirtschaft namens Heyland. Sie veranlasste die Einheimischen, auf die Frage nach dem höchsten Berg der

Prächtiges Beispiel für die Baukunst in der Renaissance: die Treppe im Römerhöfchen

Welt schelmisch zu antworten: „Der Römerberg – weil es von dort nur noch eine Stufe zum Heyland ist." In der Mitte des Römerbergs erhebt sich der Gerechtigkeitsbrunnen, der Justitia mit unverbundenen Augen, Waage und Schwert zeigt. Er sprudelt seit der Krönung von Kaiser Matthias im 16. Jh.; damals floss aus ihm Wein. Wenige Schritte mainwärts erinnert eine Plakette im Kopfsteinpflaster an die Bücherverbrennung 1933 durch die Nationalsozialisten auf dem Platz. Rechts Richtung Flussufer erhebt sich am Fahrtor das Haus Wertheym, das einzige vom Bombenhagel 1944 verschonte Fachwerkgebäude des Römerbergs. An der Südflanke des Areals für den Neubau des Historischen Museums liegen Turm und Kapelle des restaurierten *Saalhofs*, eines königli-

chen Burghofs aus der Stauferzeit, der als Ersatz für die Karolingerpfalz am Main entstand. In der Saalgasse konnten namhafte Architekten auf mittelalterlichen Parzellen die Formensprache der 1980er-Jahre realisieren.
Zwischen Ostzeile, Dom und Braubachstraße eröffnete 2018 die *Neue Altstadt* mit dem *Stadthaus am Markt* über den römischen Ausgrabungen, der Rekonstruktion historischer Häuser – darunter der „Esslinger", einst Wohnhaus von Goethes „Tante Melber" – und Neubauten. Königin der Herzen vieler Besucher ist aber die „Goldene Waage", dessen Gebäude mit Abstand am deutlichsten das historische Vorbild nachahmt. Besucher scheinen das Quartier zu lieben, viele Frankfurter sind skeptischer oder am ehesten: freundlich-desinteressiert.

Zu sehen gibt es aber auch „echt" Historisches: Eine steinerne Pergola fungiert als architektonische Klammer und verweist auf den Verlauf der mittelalterlichen Via Regia, des Krönungswegs zum Dom. Und im ebenfalls hier befindlichen 👥 *Struwwelpeter-Museum (Di–So 10–18 Uhr | Hinter dem Lämmchen 2–4 | Erw. 7, Kinder 3,50 Euro, bis 6 J. frei | Tel. 069 94 94 76 74 00 | struwwelpeter-museum.de, U4,5 Dom/Römer)* kann man sich auf die Spuren des Frankfurter Dichters und Arztes Heinrich Hoffmann und seinem berühmt-berüchtigen Klassiker der „schwarzen Pädagogik" begeben. 🔲 *N4*

22 LEONHARDSKIRCHE

Frankfurts erste Pfarrkirche wurde 1219 als flach gedeckte Basilika mit schlanken Zwillingstürmen erbaut. Sie sind ebenso erhalten wie das Hauptportal, das nach dem Umbau zur Hallenkirche ab 1425 in den Innenraum versetzt wurde. Bemerkenswert: das kleine Portal der Südseite mit einer Anbetung der Könige im Bogenfeld (um 1415), das Gewölbe des Salvator-Chors, der bayerische Hochaltar, ein flandrischer Marien- sowie ein Kreuzaltar (alle Anfang 16. Jh.). *Am Leonhardstor 25 | U 4/5 Dom/Römer |* 🔲 *N4*

23 ARCHÄOLOGISCHES MUSEUM

Funde aus der Römerstadt Nida-Heddernheim bilden den Kern der interessanten Sammlung in der ehemaligen Karmeliterkirche, die um moderne Anbauten von Josef Paul Kleihues ergänzt wurde. Dazu geben Exponate aus sechs Jahrtausenden Auskunft über das Leben u. a. in der Frühzeit des Irans und Anatoliens. *Di–So 10–18, Mi bis 20 Uhr | Karmelitergasse 1 | 7 Euro | archaeologisches-museum.frankfurt. de | U 1–5, 8 Willy-Brandt-Platz | U 4/5 Römer |* 🔲 *N4*

24 KARMELITERKLOSTER 🦇

Welches Bauwerk zählte wohl einst zu den wichtigsten in ganz Frankfurt? Es ist das Karmeliterkloster! Das hattest du wahrscheinlich nicht auf dem Zettel, ist aber unbedingt einen Besuch wert. Zumal dieser nicht einmal etwas kostet. Die Geschichte des Klosters reicht zurück bis ins 13. Jh. – es war zur Zeit seiner Errichtung eine der größten Baukomplexe in der damaligen Frankfurter Altstadt. Nach einem Umbau gestaltete Jörg Ratgeb es ab 1514 mit Fresken aus, von denen einige zerstört, andere restauriert wurden. Das Gemälde im Refektorium mit der Ordenshistorie ist relativ gut erhalten. Heute ist das Kloster Sitz des Instituts für Stadtgeschichte, die Klosterkirche wird vom Museum für Vor- und Frühgeschichte genutzt. In den Klosterräumen finden regelmäßig Ausstellungen, Vorträge und Konzerte statt. *Mo–Fr 10–18, Sa/So 11–18 Uhr | Münzgasse 9 | Eintritt frei, außer bei Sonderausstellungen | Freskenführung jeden 3. So im Monat um 15 Uhr | 6 Euro | U 1–3 Dom/Römer | U 1–5, 8 Willy-Brandt-Platz |* 🔲 *N4*

25 GOETHEHAUS & -MUSEUM ⭐ 🚩

Eine der wichtigsten Dichtergedenkstätten Deutschlands. Am 28. August

Der Dichterfürst Johann Wolfgang von Goethe wuchs im Großen Hirschgraben auf

1749 erblickte Johann Wolfgang von Goethe im Großen Hirschgraben 23 das Licht der Welt. Sein Elternhaus brannte allerdings im Zweiten Weltkrieg völlig aus; das heutige Gebäude ist eine Rekonstruktion. Die Einrichtung jedoch spiegelt die typische bürgerliche Wohnkultur im Spätbarock. Schreibtisch und Arbeitspult im „Dichterzimmer" sind gerettete Originale. Das benachbarte *Goethemuseum* birgt zahlreiche Handschriften und Gemälde aus der Goethezeit. Die vierzehn Räume der Bildergalerie zeigen Werke sowohl Frankfurter Maler als auch bedeutender Künstler des deutschsprachigen Raums wie Caspar David Friedrich, Johann Heinrich Füssli, Angelika Kauffmann, Johann Wilhelm Tischbein u. a. *Mo–Sa 10–18, So 10–17.30 Uhr, Führungen tgl. 14 und 16, So auch 10.30 Uhr, Gemälde-sammlung Mi 15 Uhr | Großer Hirschgraben 23 | 7 Euro, mit Sonderausstellung 10 Euro | goethehaus-frankfurt.de | U-/S-Bahnen Hauptwache*

Weitere Exponate der Sammlung des Freien Deutschen Hochstifts, darunter auch historische Handschriften und Briefe, bilden den Grundstock für das *Deutsche Romantik-Museum (deutsches-romantik-museum.de)*, das zurzeit auf dem Gelände der sogenannten Goethe-Höfe entsteht. Die Eröffnung stand bei Redaktionsschluss unmittelbar bevor, die Website informiert über den aktuellen Stand der Dinge. ⊙ *2 Std. |* ▥ *N4*

26 JÜDISCHES MUSEUM ☂

Nach langjähriger Umbaupause ist das Jüdische Museum, bei Eröffnung 1988 das erste in Deutschland, 2020 endlich wiedereröffnet worden.

Die Dauerausstellung über Jüdische Geschichte seit 1800 in Frankfurt wurde komplett neu aufgezogen. Sie zeigt, dass es nicht eine, sondern viele Geschichten jüdischer Bürgerinnen und Bürger in Frankfurt gab und gibt. Wechselnde Sonderausstellungen ergänzen das Programm. *Bertha-Pappenheim-Platz 1 | juedisches-museum.de | U 1–5, 8 Willy-Brandt-Platz | ⏱ mind. 2 Std. | ☐ N4*

SACHSEN-HAUSEN

Geballt finden sich auf der südlichen Seite des Mains die Schätze von Kunst- und Kultur: am Museumsufer. Auch die Apfelweintradition mit ihren urigen Schänken prägt Sachsenhausen.

Vom historischen Fachwerk *Alt-Sachsenhausens* zur modernen Architektur des Florentinischen Viertels mit seiner großzügigen Öffnung zum Fluss, den augenfälligen Wohntürmen und angesagten Restaurants sind es nur ein paar Schritte. Die Schweizer Straße lockt als schicke Einkaufsmeile, schöne Altbauten in ihrer Nähe und elegante Villen bis hinauf zum Stadtwald signalisieren, dass in Sachsenhausen Geld zu Hause ist. Flohmarkt und Frankfurts ältestes Fachwerkhaus (1291, Schellgasse 8) liegen zu Füßen der markanten, für ihre Akustik berühmten Dreikönigskirche.

27 MUSEUM GIERSCH

Kunst kann man in Frankfurt in Hülle und Fülle entdecken. Das Museum Giersch wird dabei von vielen Besuchern übersehen – dabei kann ein Besuch in der historischen Villa mit ihren stimmungsvollen Räumen am auslaufenden Ende des Museumsufers zur echten Entdeckung werden: ==Hier finden regelmäßig wechselnde Ausstellungen mit Kunstwerken aus Frankfurt und der Region statt,== Retrospektiven ebenso wie solche mit speziellen Themen. *Di–Do 12–19, Fr–So 10–18 Uhr | Schaumainkai 83 | 6 Euro | museum-giersch.de | Straßenbahn 15/16 Otto-Hahn-Platz | ⏱ 1–2 Std. | ☐ N5*

INSIDER-TIPP
Look local

28 LIEBIEGHAUS – MUSEUM ALTER PLASTIK 👶🚩

Auch die dreidimensionale Kunst hat in Frankfurt einen angemessenen Ort gefunden, den selbst Frankfurter oft falsch schreiben: In einer prächtigenn schlossartigen Villa, einst Zuhause des Kunstsammlers und Textildynastie-Erben Baron von Liebieg, werden Meisterwerke der Bildhauerei gezeigt. Liebieg persönlich verfügte, dass nach seinem Tod in seinem Haus „auf ewige Zeiten ein öffentliches Kunstmuseum" eingerichtet werden sollte. Heute reicht die Palette der Exponate von antiken Skulpturen bis hin zu Bildhauerwerken des Klassizismus. Ergänzt wird die Sammlung durch Sonderausstellungen, in deren Rahmen auch mal kitschige Skulpturen wie von Art-Star Jeff Koons in die historischen Räume einziehen. *Di/Mi, Fr–So 10–18, Do 10–21 Uhr | Schaumainkai 71 |*

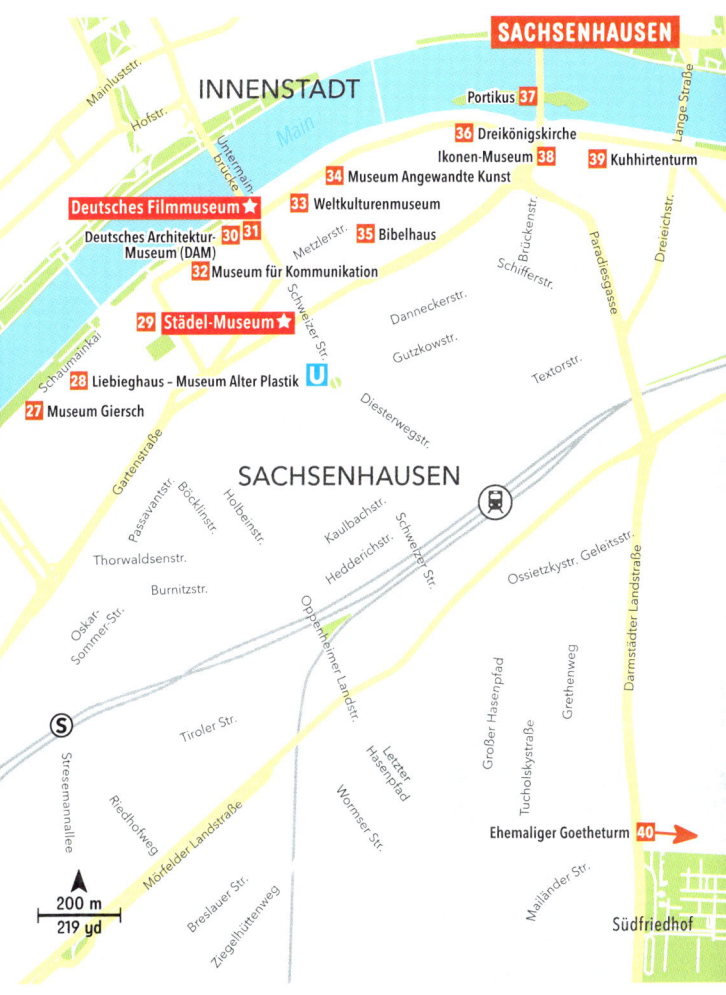

INNENSTADT

SACHSENHAUSEN

Mainluststr.
Hofstr.
Untermainbrücke
Main
Lange Straße

Portikus **37**

36 Dreikönigskirche
Ikonen-Museum **38**   **39** Kuhhirtenturm

34 Museum Angewandte Kunst

Deutsches Filmmuseum ★
33 Weltkulturenmuseum

Deutsches Architektur-
Museum (DAM) **30** **31**
Metzlerstr.   **35** Bibelhaus

32 Museum für Kommunikation

Schweizer Str.

Schifferstr.
Brückenstr.
Paradiesgasse
Dreieichstr.

29 Städel-Museum ★

Danneckerstr.

Gutzkowstr.

Textorstr.

28 Liebieghaus – Museum Alter Plastik [U]

27 Museum Giersch

Diesterwegstr.

Schaumainkai

Gartenstraße

SACHSENHAUSEN

Passavantstr.
Böcklinstr.
Holbeinstr.
Kaulbachstr.
Hedderichstr.
Schweizer Str.

Thorwaldsenstr.
Burnitzstr.
Oskar-
Sommer-Str.

Ossietzkystr. Geleitsstr.

Darmstädter Landstraße

Oppenheimer Landstr.

Großer Hasenpfad
Tucholskystraße
Grethenweg

Tiroler Str.

Letzter
Hasenpfad

Wormser Str.

Stresemannallee

Riedhofweg
Mörfelder Landstraße

Ehemaliger Goetheturm **40** →

Mailänder Str.

200 m
219 yd

Breslauer Str.
Ziegelhüttenweg

Südfriedhof

---

12 Euro | liebieghaus.de | Straßenbahn 15/16 Otto-Hahn-Platz | ⏱ mind. 2 Std. | ▥ N5

29 STÄDEL-MUSEUM ★

Alte Meister und Werke der Moderne stehen im „Städel" in einem spannenden Dialog. Berühmte Vertreter der Vergangenheit sind u. a. Jan van Eyck, Johann Heinrich Tischbein, Auguste Renoir und Edouard Manet; die frühe Moderne vertritt eindrucksvoll Max Beckmann, im Untergeschoss ist die Gegenwartskunst eingezogen. Wechselnde Sonderausstellungen bereichern die ständige Sammlung, deren

Museum für Kommunikation – inzwischen zeitgemäß eingerichtet

historischer Kern der Stiftung des Frankfurter Kaufmanns und Kunsthändlers Johann Friedrich Städel zu verdanken ist. 2011 erhielt das Städel einen spektakulären Erweiterungsbau – unterirdisch, mit Lichtdomen im Rasen des Gartens. Am Wochenende wartet man schonmal eine Stunde oder mehr auf Einlass in der Warteschlange. **Mit vorab gekauftem Onlineticket gibt's direkten Einlass in die Ausstellungen,** zu denen etliche Besucher von weither anreisen. *Di/Mi, Sa/So 10–18, Do/Fr 10–21 Uhr | Schaumainkai 63 | 14 Euro | staedelmuseum.de | U 1–3/8 Schweizer Platz | Straßenbahn 15/16 Otto-Hahn-Platz |* ⏱ *mind. 2 Std.* | 🗺 N5

INSIDER-TIPP
Digital geht's schneller

30 DEUTSCHES ARCHITEKTUR-MUSEUM (DAM)

Das DAM bietet nicht nur einen Überblick über die menschliche Bau- und Siedlungsgeschichte von der Steinzeit bis zur Wolkenkratzerära, die Ausstellungshalle gilt auch als eine der besten Adressen für die Beschäftigung mit aktueller Architektur. Vom Brutalismus bis zur Märklin-Eisenbahn reicht das Themenspektrum, dem sich das engagierte Museumsteam in wechselnden Schauen widmet. Achtung: Ab Anfang 2021 wird das Haus umgebaut und dann für voraussichtlich zwei Jahre geschlossen. *Di–So 11–18, Mi bis 20 Uhr | Schaumainkai 43 | 9 Euro | dam-online.de | U 1–3/8 Schweizer Platz |* 🗺 N4

31 DEUTSCHES FILM-MUSEUM ★ ☂

Film ab! Wie die Hollywoodstars aufs Zelluloid bzw. Chip und der Film auf die Leinwand kommt, erfährt man hier im Überblick. Ergänzt wird die ebenso umfangreiche wie spannend präsentierte Sammlung in der sanierten und ausgebauten Jahrhundertwendevilla regelmäßig durch thematische Sonderausstellungen. Im Filmmuseum kannst du nicht nur in Filmgeschichte eintauchen, sondern auch die zugehörigen Zelluloid-streifen anschauen –

INSIDER-TIPP
Rare Retro-spektiven

im hauseigenen Kino werden Retrospektiven zwischen Unterhaltung und Anspruch gezeigt, darunter echte Film-Raritäten, die hier noch analog statt digital auf die Leinwand projeziert werden. *Di, Do–So 10–18, Mi 10–20 Uhr | Schaumainkai 41 | 6 Euro, Sonderausstellung 7 Euro | deutsches-filminstitut.de | U 1–3/8 Schweizer Platz |* ☼ *1 ½–2 Std. |* ▥ *N4*

32 MUSEUM FÜR KOMMUNIKATION

Ursprünglich das Bundespostmuseum, inzwischen zeitgerecht eingekleidet von Günter Behnisch und ausgestattet mit interaktiven Stationen. Der inhaltliche Bogen der Dauerausstellung spannt sich von den Anfängen der Nachrichtenübermittlung bis zur modernen Informationsgesellschaft. Im *Museumscafé* gibt's nicht nur Konditorkuchen, sondern auch ein wechselndes Mittagsmenü. *Di–Fr 9–18, Sa/So 11–19 Uhr | Schaumainkai 53 | 5 Euro | mfk-frankfurt.de |* *U 1–3/8 Schweizer Platz |* ☼ *1 ½ Std. |* ▥ *N5*

33 WELTKULTURENMUSEUM

Wechselnde Themenausstellungen mit oft kritischen Fragestellungen und Künstlerarbeiten aus den entsprechenden Ländern. Das Museum besitzt mehr als 60 000 Objekte aus Ozeanien, Afrika, Südostasien sowie Nord-, Mittel- und Südamerika. Einige werden im Weltkulturen-Labor neu bewertet. *Di, Do–So 10–18, Mi 10–20 Uhr | Schaumainkai 29–37 | 7 Euro, Labor/Green Room 3 Euro | weltkulturenmuseum.de | U 1–3/8 Schweizer Platz | Straßenbahn 15/16 Gartenstraße |* ☼ *1–2 Std. (je nach Ausstellung) |* ▥ *N4*

34 MUSEUM ANGEWANDTE KUNST

Mode und Design haben ein noch schöneres Zuhause gefunden: Nach einer Generalsanierung setzt das Haus auf temporäre Präsentationen eigener wie fremder Schätze – von Ostasiatika bis Mode und Design. Zugänglich ist auch die benachbarte *Villa Metzler* von 1804 mit ihren neun „Epochenräumen", die Wohnkultur und Zeitgeist der letzten 200 Jahre repräsentieren. *Di, Do–So 10–18, Mi 10–20 Uhr | Schaumainkai 17 | 12 Euro |* 🐷 *letzter Sa im Monat Eintritt frei | museumangewandtekunst.de | Straßenbahn 15/16 Gartenstraße |* ☼ *mind. 1 ½ Std. |* ▥ *N4*

35 BIBELHAUS

Erlebnismuseum rund um das „Buch der Bücher", das Ihnen die Welt hinter den Texten näherbringt – vom Nomadenzelt bis zur Multimediawelt. *Di–Sa 10–17, So 14–18 Uhr | Metzlerstr. 19 | 5 Euro | bibelhaus-frankfurt.de | Straßenbahn 15/16 Schweizer-/Gartenstraße | ⊞ N4*

36 DREIKÖNIGSKIRCHE

Der neugotische Hallenbau entstand 1880 auf den Fundamenten der mittelalterlichen Kapelle des Hospitals der Deutschordensritter. Sein 81 m hoher Turm war damals zweithöchstes Gebäude in Frankfurt nach jenem des Doms, dessen Formensprache er zitiert. Fenstermotive, Geläut und Orgel stammen aus den 1950er-Jahren. Die Dreikönigskirche ist berühmt für ihre Musiktradition: regelmäßig finden hier Kantatengottesdienste, Abendmusiken und Orgelkonzerte für meist kleines Eintrittsgeld statt *(Karten direkt an der Abendkasse, kirchenmusik-dreikoenig.de). Dreikönigsstr. 32 | dreikoenigsgemeinde.de | Bus 46 Schulstraße | Bus 30/36 Elisabethenstraße | ⊞ O4*

INSIDER-TIPP
Große Konzerte für kleines Geld

37 PORTIKUS 🕶

Das zur Städelschule gehörige Forum für zeitgenössische Kunst präsentiert neben aktuellen Arbeiten bekannter Künstler auch wechselnde junge Positionen. Die Lage könnte übrigens kaum spektakulärer sein – der Portikus steht auf einer Mini-Maininsel, die man über eine Brücke erreicht. Schon von Weitem zu sehen: Olafur Eliassons Lichtinstallation im Dachgeschoss. *Di/Do–So 11–18, Mi 11–20 Uhr | Alte Brücke 2 | Maininsel | Eintritt frei | portikus.de | Bus 46 Schulstraße | Bus 30/36 Schöne Aussicht (Frankfurter Seite) | ⏱ ½ Std. | ⊞ O4*

38 IKONEN-MUSEUM

Oswald Mathias Ungers konzipierte die Räume hinter der Barockfassade des Deutschordenshauses. Neben Holzikonen sind Metallplastiken zu sehen. *Di–So 10–17, Mi 11–20 Uhr | Brückenstr. 3–7 | 4 Euro | ikonenmuseumfrankfurt.de | Bus 30/36 Elisabethenstraße | ⊞ O4*

39 KUHHIRTENTURM

Der spätgotische, auch „Elefant" oder „Paradiespförtchen" genannte Turm war Teil der Stadtbefestigung und diente bis ins 17. Jh. dem Schutz des Mainufers. 1923–1927 wohnte der Komponist Paul Hindemith hier, der ein Engagement als Konzertmeister an der Frankfurter Oper hatte. Im Kuhhirtenturm schrieb er u. a. seine Oper „Cardillac" und das „Marienleben". Nach Renovierung und Einrichtung eines Kammermusikraums präsentiert die Hindemith-Stiftung Leben und Wirken des Komponisten an authentischem Ort. Zudem werden regelmäßig Wechselausstellungen gezeigt und außer im Juli und August findet einmal im Monat ein Kammermusikkonzert statt. *So 11–18 Uhr sowie nach Vereinbarung: Tel. 069 5 97 03 62 | Große Rittergasse 118 | 3 Euro | hindemith.info | Bus 46 Schulstraße | ⊞ O4*

40 EHEMALIGER GOETHETURM

Am Rand des Stadtwalds in Sachsenhausen stand der 1931 anlässlich des

Glasfassaden und Freudenhäuser stehen im Bahnhofsviertel Seit an Seit

100. Todestags des Dichters errichtete Goetheturm. Mit seinen 43 m war er einer der höchsten hölzernen Aussichtstürme Deutschlands. Kurz nach einer aufwendigen Rundumerneuerung fiel das Wahrzeichen Ende 2017 einem Brandstifter zum Opfer, der bis heute nicht ermittelt ist. Im Sommer 2020 feierte der (neue) Goetheturm Richtfest. Er steht nach dem Wiederaufbau an selber Stelle, ist aus Edelkastanie und Eichenholz gefertigt und soll bald auch wieder begehbar sein. Der umliegende Waldspielpark und die Gaststätte *(tgl. | Tel. 069 68 68 30 | goetheruh.de | €)* ziehen zudem Ausflügler an. **Im Schatten des Goetheturms hat sich in den letzten Jahren einer der vielleicht schönsten Weihnachtsmärkte der Stadt etabliert.** Dabei funkeln die Lichter des 🎭 Sachsenhäuser Weihnachtsmarkt am Goetheturm bis in den Wald hinein – auch für

INSIDER-TIPP
Budenzauber

Kinder eine tolle Alternative zu den gigantischen Märkten in der Innenstadt. Termine und Infos unter *Facebook: Sachsenhaeuserweihnachtsmarkt. Sachsenhäuser Landwehrweg | Bus 30/36 Sachsenhäuser Warte | 🕮 Q6*

BAHNHOFS-VIERTEL

Frankfurts einstiges Renommierviertel und Tor zur Stadt – schon um 1830 gab es auf dem Areal drei Bahnhöfe, 1881 wurde der Central-Bahnhof (heute: Hauptbahnhof) eingeweiht, 1905 das Schumann-Varietétheater mit 5000 (!) Plätzen – ist heute das wohl vielseitigste Viertel der Stadt.

Reich an Gründerzeitarchitektur und einzigartigem internationalen Flair (in der und um die Münchener Straße gibt es Läden und Restaurants von arabisch bis indisch, von äthiopisch bis thailändisch), lebt es gleichzeitig mit traditionellen Handwerksbetrieben, Kultureinrichtungen, dem Rotlichtmilieu, Bankern, Kreativen und Drogenabhängigen. Rund 20 Mio. Euro wurden inzwischen für die Sanierung des zweitkleinsten Frankfurter Stadtviertels bewilligt, was nicht nur den einstigen Glanz zurückbringt, sondern gleichermaßen auch soziale Verdrängung. Es bleibt, wie so vieles in Frankfurt, ein Viertel im Wandel. Die beiden Galeristen von *Rundgaenger* präsentieren Künstlerinnen und Künstler, die sie auf Kunsthochschulen in der gesamten Republik auftun. Im besten

INSIDER-TIPP
Runde Sache

Fall kann man hier also noch Kunst entdecken, bevor sie richtig groß wird – und bei Gefallen auch gleich kaufen *(Mi–Fr 15–18, Sa 12–15, So 15–18 Uhr u. n. V. | Niddastr. 63 | Tel. 0173 3 13 52 12 | rundgaenger.de).*

41 KAISERSTRASSE

Lange Zeit war sie nur Synonym für das Rotlicht- und Drogenmilieu, zumindest in Bahnhofsnähe. Auch durch die Sperrgebietsverordnung, die Prostitution und Pornoshops weitgehend in die Nebenstraßen verdrängte, ist die Kaiserstraße inzwischen mehr und mehr Einkaufsadresse geworden. Doch die Aufhübschung des Viertels wird von Bewohnern und Betroffenen sehr kontrovers diskutiert – so schließen bisweilen auch alteingesessene

Gutenberg zwischen Poesie und Industrie auf dem Roßmarkt

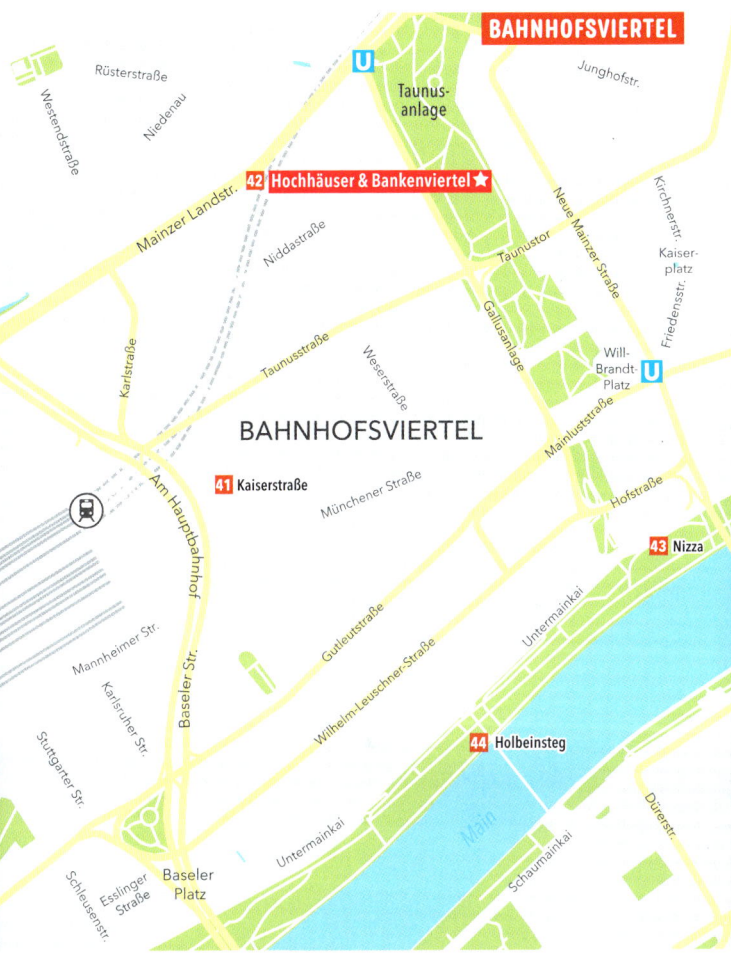

Kneipen und Geschäfte, soziale Einrichtungen klagen bisweilen über mangelnde Unterstützung. Viele Häuser zeugen noch von der einstigen Pracht des Boulevards, der nach der Niederlegung des Cronstetten-Stifts 1864 die Westorientierung der Stadt eröffnete. Der Fürstenhof an der Ecke Gallusanlage wurde entkernt, hinter der historischen Fassade entstanden edle Geschäftslokale. Die Kaiserstraße endet am Roßmarkt. Neben dem Erfinder der Buchdruckerkunst, Johannes Gutenberg, symbolisieren vier allegorische Figuren Theologie, Poesie, Naturwissenschaften und Industrie; die 14 Männerköpfe zeigen damals bekannte Drucker und Verleger.

Außerdem etablierten sich in den Gründerzeitbauten Bars und Szeneclubs, Künstler und Kreative zogen in die großen Wohnungen ein. Das English Theatre hat sein Domizil in einem Bankenhochhaus an der Kaiserstraße. Am Kaiserplatz stehen der bislang höchste Wolkenkratzer der Stadt und das noble Traditionshotel Frankfurter Hof (s. S. 104), davor sprudelt der Kaiserplatzbrunnen (1876). *U-/S-Bahnen Hauptwache/Hauptbahnhof* | ⬚ *M–N4*

42 HOCHHÄUSER & BANKENVIERTEL ★

Noch in den 1950er-Jahren war der Kaiserdom mit 96 m das höchste Gebäude der Stadt. Heute prägen fast hundert Hochhäuser deren Skyline, einige ragen gut 300 m in den Himmel. Bei den jüngsten zeigten die Architekten zwar wieder mehr Bescheidenheit, der *Westhafentower* etwa (in dem viele gern ein typisches geripptes Apfelweinglas erkennen) misst nur 99 m, das Gallileo-Haus der Dresdner Bank am Jürgen-Ponto-Platz 136 m und der Skyper an der Taunusanlage 151 m. Der Tower 185 an der Messe bringt es immerhin auf 200 m, der Taunusturm auf 170 m und der Skytower der EZB im Osten auf 185 m. Doch im neuen Europaviertel an der Messe, das 2019 fertig sein soll, besteht Baurecht für weitere Türme, darunter jenen mit dem Arbeitsnamen Millenniumtower mit bis zu 369 m Höhe. Er könnte die bisherige Spitze Frankfurts (und Deutschlands), Sir Norman Fosters 259 m hohen *Commerzbank Tower (Große Gallusstr. 17–19)*, der mit Antenne 300 m misst, übertrumpfen und wird dann Europas dritthöchstes Bauwerk sein – nach dem Shard-London-Bridge-Turm und dem Mos-

Überdimensionales geripptes Apfelweinglas? Nein, der Westhafentower

kauer Mercury City Tower. Das Gros der Frankfurter Wolkenkratzer konzentriert sich im Bankenviertel zwischen Alter Oper und Hauptbahnhof. Es sind meist Bürogebäude, deren Inneres nicht besichtigt werden kann. Als bislang einziges Hochhaus bietet der ⚑ *Main Tower (So–Do 10–21, Fr/Sa 10–23, im Winter bis 19 bzw. 21 Uhr, wetterbedingte Schließungen möglich | Neue Mainzer Str. 52–58 | 7,50 Euro | main tower.de)* auf 200 m eine Besucherplattform – lass dir diesen Ausblick nicht entgehen! ᙏ *M–N 3–4*

43 NIZZA

Frankfurt am Mittelmeer: Fast das ganze Jahr über blüht und grünt es auf dem bereits 1866–1875 angelegten Areal am Mainufer zwischen Untermain- und Friedensbrücke. Mehr als 150 exotische Gehölze wachsen hier im mediterranen Mikroklima der Sandsteinmauern: Feigen, Bitterorangen, Zitronen- und Erdbeerbäume, Ginkgos, japanische Faserbananen. Jogger, Skater, Radfahrer und Spaziergänger genießen das südländische Uferflair und das kulinarische Angebot des Caférestaurants *Main-Nizza (tgl. | mainnizza.de | €€). Untermainkai | U 1–5, 8 Willy-Brandt-Platz | ᙏ N4*

44 HOLBEINSTEG

Modernes Pendant zum Eisernen Steg, 1990 nach Plänen von Albert Speer realisiert. Die an Stahltrossen aufgehängte Fußgängerbrücke führt vom Bahnhofsviertel zum Museumsufer und ist abends effektvoll beleuchtet. *U-/S-Bahnen Hauptbahnhof | ᙏ N5*

NORDEND & BORNHEIM

„Das lustige Dorf" nennt sich Bornheim, und fröhlich geht es hier tatsächlich zu. Besiedelt wie kaum ein anderer Teil der Stadt und akzentuiert durch die lange Berger Straße mit ihren vielen Läden, Kneipen, Cafés und Bistros, ist Frankfurts politisch wie botanisch grüner Norden lebendiger Treffpunkt für Einheimische und Zugereiste.

Jung und Alt finden hier ihre passenden Adressen, ob Marktplatz, Parks zum Joggen oder für Kids, mit Skylineblick und sommerlichem Konzertangebot. Alles ist hier versammelt, ob winkelige Dorfatmosphäre wie jenseits der Saalburgallee (Bornheim wurde erst 1877 eingemeindet) oder Gründerzeitcharme mit Kreativ- und Studentenflair nur einen Steinwurf entfernt von der City.

45 HOLZHAUSENPARK

Bereits im 14. Jh. stand hier eine Wasserburg, die „Große Oed". Seit 1503 war sie im Besitz derer von Holzhausen, eines der ältesten Patriziergeschlechter der Stadt. Im 18. Jh. machte die Familie ihr Landgut zum Hauptwohnsitz. Das *Holzhausenschlösschen (Führungen ab 10 Pers. auf Anfrage | Spende erbeten | frankfurter-buergerstiftung.de)* inmitten des Teichs wurde 1728 erbaut; es wirkt aber eher klassizistisch als barock. Heute veranstaltet die Frankfurter Bürgerstiftung in den Räumen

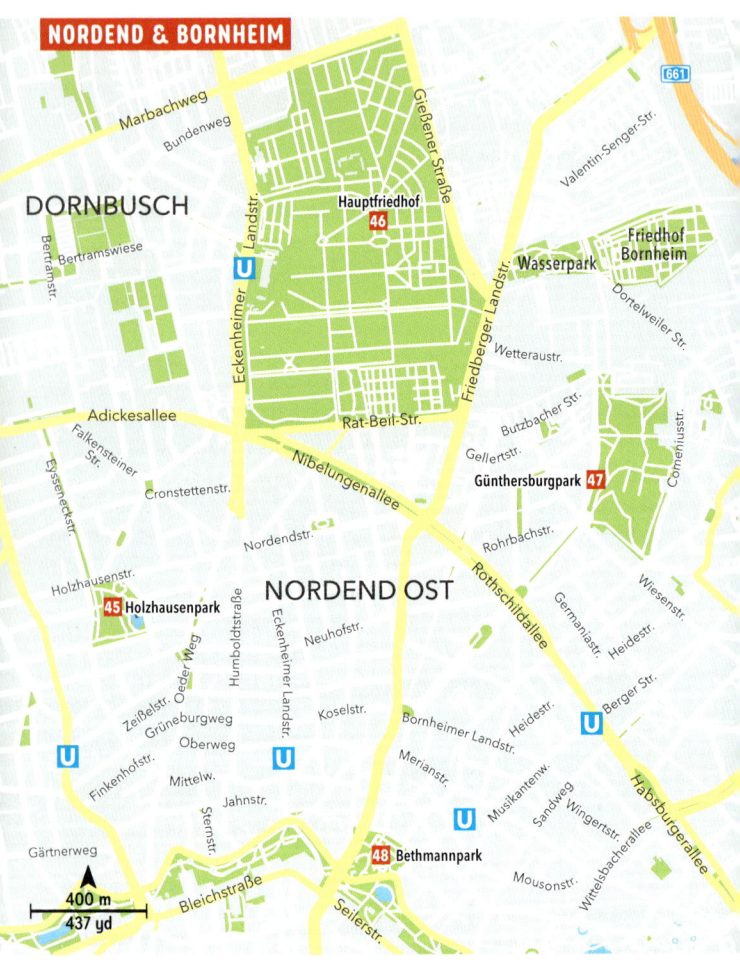

NORDEND & BORNHEIM

Konzerte, Lesungen, Ausstellungen und Events für Kinder. *Holzhausenstr. | U 1–3 Holzhausenstraße |* 🚇 *N2*

46 HAUPTFRIEDHOF

Als englische Parkanlage konzipierte Stadtgärtner Sebastian Rinz den 1828 eröffneten Totenacker. Hinter dem klassizistischen Säulenportal liegen illustre Persönlichkeiten begraben, u. a. die Philosophen Arthur Schopenhauer und Theodor W. Adorno, Mundartdichter Friedrich Stoltze, „Struwwelpeter"-Autor Heinrich Hoffmann, Gehirnforscher Alois Alzheimer, Schriftstellerin Ricarda Huch sowie Goethes „Suleika", Marianne von Willemer. *Eckenheimer Land-*

str. 188–190 | U 5 Hauptfriedhof |
🚇 O1

47 GÜNTHERSBURGPARK 👁️ 👶

Das Gelände des ehemaligen Landsit-
zes der Familie Rothschild lädt mit
seinem alten Baumbestand und vielen freien Wiesenflächen zum Relaxen
ein. Bei Eltern mit kleinen Kindern ist
der Park sehr beliebt; Hunde sind auf
dem gesamten Gelände nicht erlaubt.
Besondere Attraktionen für Kids sind
die Wasserspiele im Sommer und die
ca. 10 m hohe Kletteranlage. Komi-
scher Name, nettes Programm: Während des Stoffel verlagert die Crew des
Stalburg-Theaters seine Bühne unter
freien Himmel. Dann
kann man hier Musik,
Comedy und Kinder-
programm unter freiem Himmel erleben – und das völlig kostenlos. Eine
Unterstützung für den Spendenbeu-
tel, der umgeht, ist natürlich sehr will-
kommen. Programm und genaue Termine unter *stoffel.stalburg.de*.
Wetteraustr./Comeniusstr. | U 4 Born-
heim Mitte | Straßenbahn 12 Hart-
mann-Ibach-Straße | 🚇 P1

INSIDER-TIPP
Bühnenzauber

48 BETHMANNPARK

Durch dicke Mauern vom Großstadt-
verkehr abgeschirmt, wurde die an
Blumenbeeten reiche Oase auf dem
einstigen Gartengelände der Bankiersfamilie Bethmann angelegt. Ein
Schmuckstück – besonders im späten
Frühjahr – war der *Chinesische Garten*,
der 1989 mit Teich, Brücken und Dra-
chenfiguren liebevoll gestaltet wurde.
Leider wurde er durch Brandstiftung
verwüstet – die Wiedereröffnung die-

ses Teils des Parks ist geplant, aber ak-
tuell ungewiss. *Berger Str.* | U 4 Meri-
anplatz | 🚇 O3

AUSSERDEM SEHENSWERT

49 HÖCHST

„*Villa hostat*" nannten die Römer den
1928 eingemeindeten westlichen Vorort, als sie im 1. Jh. n. Chr. hier ein
kleines Kastell erbauten, in dem Zie-
gel gebrannt wurden für die Stadt
Nida (die heutige Römerstadt). Ihr äl-
tester, zum Fluss gelegener Teil weist
noch eine geschlossene, behutsam
restaurierte historische Bebauung auf
mit verwinkelten Gassen und Fachwerkbauten. Besonders sehenswert
ist das *Dalberger Haus*, in dem die
1786 gegründete Höchster Porzellan-
manufaktur Verkaufsräume unterhält.
Der Firmensitz und die *Erlebnismanu-
faktur (Führungen Di 15 Uhr* | *10 Euro* |
Tel. 069 3 00 90 20 | *hoechster-porzel-
lan.de)* sind inzwischen in der Palles-
kestr. 32 angesiedelt. Beachten solltest du außerdem das *Kronberger
Haus* (Dependance des Historischen
Museums Frankfurt), das *Alte Rathaus*
und das *Greifenclausche Haus* (beides
Renaissancesteinbauten mit Treppen-
giebeln) sowie die rekonstruierten
Bauten *Zum Anker* und *Zum Karpfen*
(ein ehemaliges Gasthaus, in dem
schon Goethe speiste). Heute kehren
Radfahrer, Rollerblader und Spazier-
gänger gerne bei den Wirten auf dem
Höchster Schlossplatz ein – wenn du

also gerade hungrig geworden sein solltest: Hier kannst du bedenkenlos Rast machen. Bei gutem Wetter sitzt man auf dem Platz mit Blick aufs *Höchster Schloss*, das im Mittelalter als Zollburg errichtet wurde. Die Mainschiffer mussten hier Tribut entrichten – denn Höchst zählte nicht zu Frankfurt, sondern zum Kurfürstentum Mainz. Alljährlich von Mitte Juni bis Mitte Juli bilden Schloss und Schlossplatz das Zentrum des Höchster Schlossfestes. Der schönste Blick auf das 790 erstmals urkundlich erwähnte (Alt-)Höchst bietet sich vom *Fähranleger* auf der Frankfurter Mainseite. Fast intakt präsentiert sich die historische Uferfront: Vom Ochsenturm im Westen, dem Schlossturm über das Maintor mit dem hinter der kleinen Bastion sichtbaren Zollturm bis hin zur ehemaligen Mainmühle beherrscht die vollständig erhaltene Stadtmauer aus dem 14./15. Jh. mit der darüber aufragenden *Justinuskirche* das Bild. Das Gotteshaus ist das älteste auf Frankfurter Stadtgebiet; es wurde ab 825 gebaut und 850 durch Rabanus Maurus geweiht. Nach Osten hin beschließt der über der Niddamündung gelegene Barockbau des *Bolongaropalasts (Mo–Fr 9–16 Uhr | Bolongarostr. 109 | Eintritt frei)* das malerische Ensemble. Der dreiflügelige barocke Bau wurde 1772–1775 für zwei Schnupftabakfabrikanten gebaut. Die historische Gartenanlage dient jeden Sommer als Kulisse für das *Theaterfestival Barock am Main (barock-am-main. com)* mit Mundartumdichtungen berühmter Bühnenklassiker und mitunter auch Opernaufführungen.

Westlich der Altstadt und des Bolongaropalasts entstand 1920–1924 nach Plänen von Peter Behrens die *Hauptverwaltung der Farbwerke Höchst (Besichtigung nur nach Voranmeldung | Brüningstr. 50 | Eintritt frei | Termine und Anmeldung Tel. 069 3 05 54 13 | ihr-nachbar.de)*. Im zentralen Teil des Backsteinbaus schuf der auch in der Jugendstilsiedlung auf der Mathildenhöhe in Darmstadt wirkende Architekt mit dem Kuppelsaal eine Art Kathedrale der Arbeit. Auch ein Paternoster ist hier noch in Betrieb. *S 1/2 Höchst | Straßenbahn 10/11 Zuckschwertstraße | ▢ B–C5*

50 RÖMERSTADT ⚑

Wer verstehen möchte, was Frankfurt zum Vorreiter der frühen Moderne machte, der sollte sich auch hier umsehen: Frankfurts Stadtbaurat Ernst May konzipierte 1927/28 mit seinem Mitarbeiter Martin Elsässer die heute denkmalgeschützte Gartensiedlung am Niddaufer in Heddernheim im Rahmen des Projekts „Neues Frankfurt", bei dem zwischen 1925 und 1930 rund 15 000 neue Sozialwohnungen geschaffen wurden. Das Ensemble liegt auf dem Areal des römischen Orts Nida. Alle Häuser der Hadrianstraße sowie der Straßen Am Forum und An der Ringmauer, wo immer noch der Brunnen einer römischen Villa zu sehen ist, sind bis heute bewohnt. Eines davon, das *Ernst-May-Haus (Di–Do 11–16, Sa/So 12–17 Uhr | Im Burgfeld 136 | 4 Euro | ernst-may-gesellschaft.de | U 1 Römerstadt)*, kann besichtigt werden. Hier kann man auch die weltberühmte

Der größte Privatbau des Barock ist der Bolangaropalast in Höchst

Frankfurter Küche, den Urtyp aller Einbauküchen, den die Architektin Margarete Schütte-Lihotzky für May entwickelt hat, bewundern. *0*

51 MESSE ⚑

Anfang des 20. Jhs. wurde mit der Festhalle auf dem Messegelände ein Ort für Ausstellungen und Kongresse geschaffen, der zudem eine gute Akustik hat. Bis heute dient der damals größte Kuppelbau Europas für Sportereignisse und Rockkonzerte. Inzwischen umgeben ihn zehn Ausstellungspavillons sowie mehrere architektonisch eindrucksvolle Bauten: das Torhaus von Oswald Mathias Ungers, der 256 m hohe Messeturm nach Plänen von Helmut Jahn sowie die Hochhauszwillinge Castor und Pollux. Den Zugang zum Messegelände akzentu-

iert der „Hammering Man", eine 22 m hohe Skulptur von Jonathan Borofsky. *Ludwig-Erhard-Anlage 1 | messefrankfurt.com | U 4 Messe | S 3–5 Messe | Straßenbahn 16/17/19 Messe | K3–4*

52 NATURMUSEUM SENCKENBERG ★ ⚑ ☂

Dinosaurierskelette, Fossilien aus der Grube Messel, afrikanische Vormenschenschädel – in mehr als 190 Jahren Sammlungsgeschichte kam fast eine halbe Million Exponate aus allen Epochen der Erdgeschichte zusammen. Das größte, bedeutendste und wohl schönste Museum seiner Art in Deutschland. Kleine Besucher freuen sich über 👥 Taschenlampenführung, Schatzsuche oder Spielen und Malen zu verschiedenen Themen rund um

Zu den hochsommerlichen Attraktionen im Plamengarten zählen die Lotosblüten

die Geschichte unserer Erde. Nicht nur Kinder lieben die Taschenlampenführungen, auch Erwachsene können im schummrigen Schein durch die stockfinsteren Ausstellungshallen des Senckenberg Museums ziehen und sich danach ein Gläschen Sekt genehmigen. Führungen jeden Freitag ab 22 Uhr. *Mo/Di, Do/Fr 9–17, Mi 9–20, Sa/So 9–18 Uhr | Senckenberganlage 25 | 10 Euro | senckenberg.de | U 4/6/7 Bockenheimer Warte | Bus 32/50 Senckenbergmuseum | ⏱ mind. 2 Std. | ▥ L3*

INSIDER-TIPP
Nachts im Museum

53 PALMENGARTEN ★

Eine Runde Boot auf dem Schwanensee fahren, dazu die Frankfurter Skyline im Blick: In den warmen Monaten solltest du dir das nicht entgehen lassen! Doch auch in der übrigen Jahreszeit lohnt sich ein Besuch in einer der schönsten und größten botanischen Sammlungen Europas, die wie so vieles in Frankfurt von Bürgern begründet wurde. Als Basis kauften sie die Kollektion tropischer Pflanzen des Herzogs von Nassau und ließen dafür das Palmenhaus errichten. In der Konstruktion aus Glas und Eisen kann man wie durch einen Dschungel streifen. Fast 30 ha Freilandanlagen und 10 000 m^2 Schauhausflächen gehören zum Palmengarten, außerdem Themengärten, Rosenschauen, das Tropicarium, ein Bootsweiher, eine Theaterbühne sowie eine Konzertmuschel. Im restaurierten historischen Gesellschaftshaus lockt das Sternelokal *Lafleur* (s. S. 67); am Parkeingang gibt es ein Café. Am Weiher im Palmengarten kann man sich in den Sommermonaten ein Boot leihen und mit Ausblick auf die Skyline ein paar Runden drehen. Aber Achtung

INSIDER-TIPP
Rudern mit Ausblick

vor den Schwänen! *Nov.–Jan. tgl. 9–16, Feb.–Okt. 9–18 Uhr | Siesmayerstr. 61/ Palmengartenstr. | 7 Euro, Zuschlag bei Sonderschauen u. -veranstaltungen | palmengarten-frankfurt.de | U 6/7 Westend | Bus 36 Grüneburgweg | ⊞ L–M2*

54 BOTANISCHER GARTEN

Mehr als 5000 Baum- und Pflanzenspezies aus aller Welt sind auf dem 8 ha großen Areal versammelt, dessen Ursprünge bis ins 18. Jh. zurückreichen. Lange diente die Anlage der Universität zu Lehr- und Forschungszwecken, inzwischen ist sie städtisch. Mehrmals im Monat Führungen. *März–Okt. Mo–Sa 9–18, So 9–13 Uhr | Siesmayerstr. 72 | Eintritt frei | botanischergarten-frankfurt.de | U 6/7 Westend | Bus 36 Grüneburgweg | ⊞ L–M2*

55 ZOO 👥

Auch den 1858 entstandenen Zoo, der zu den ältesten Tierparks der Welt gehört, verdankt Frankfurt seinen Bürgern. Um 1900 hatte er bereits einen bemerkenswerten Bestand, doch 1944 wurde die Anlage in einer Nacht zerstört. Direktor Bernhard Grzimek machte durch seinen Einsatz für den Wiederaufbau den Zoo international bekannt und zum Synonym für moderne Tierhaltung. Heute beherbergt er rund 4500 Tiere aus 600 Arten. Einzigartig in Europa ist die Freiflughalle, in der sich Vögel und Menschen ungehindert bewegen können. Das Nachttierhaus gewährt ebenso spannende Einblicke wie das Exotarium, und für die Menschenaffen wurden dschungelähnliche Lebensbedingungen geschaffen. Viele

Tiere werden erst zu später Stunde richtig munter.  Einmal im Monat bietet der Zoo seine beliebten Abendführungen, die übrigens bereits im Eintritt enthalten sind. Kinder kommen bei der 👥 Nachtwanderung mit Lagerfeuer (Anmeldung unbedingt erforderlich!) voll auf ihre Kosten. Außerdem solltest du auch einen Blick ins Nachttierhaus werfen: Hier kann man nachtaktive Tiere in künstlicher Dunkelheit beobachten (Termine auf der Website). *Im Sommer tgl. 9–19, im Winter tgl. 9–17, Nachttierhaus ab 9.30, Exotarium ab 10 Uhr | Alfred-Brehm-Platz 16 | 10 Euro, Abendkarte (2 Std. vor Schließung) 8 Euro | zoo-frankfurt.de | U 6/7 Zoo | ⊞ P3*

56 KLASSIKSTADT ☂

Im Frankfurter Osten wurde eine historische Fabrik zum Dorado für Oldtimerfans: Wo ab 1910 der Landmaschinenhersteller Mayfarth sein Domizil hatte und später die Bundesdruckerei 50-DM-Scheine produzieren ließ, dreht sich seit 2011 alles um historische Fahrzeuge. Auf einem Areal von insgesamt 20 000 m² entstand u. a. ein lebendiger Werkstattbereich. Besucher haben die Möglichkeit, den Automobilspezialisten über die Schulter zu schauen. Selbst vom Restaurant gibt es spannende Aus- und Einblicke in die Oldtimerwelt. Das vom Krieg verschonte Backsteingebäude mit seinen schönen Bogenfenstern ist Bestandteil der Route der Industriekultur. *Mo–Sa 10–20, So 10–18 Uhr | Orber Str. 4a | klassikstadt.de | Straßenbahn 11 Casellastraße | ⊞ S2*

ESSEN & TRINKEN

Was darf's denn heute sein? In Frankfurt musst du nicht lange hungern: Nahezu alle Aromen der Welt sind hier vertreten. Kreative Exotik, französische Raffinesse, italienische Schlichtheit (oft auf höchstem Niveau) und natürlich die deftige Frankfurter Apfelweinküche bieten Genuss in vielerlei Variationen. Junge Herdkünstler und renommierte Sterneköche kitzeln den Gaumen mit ihren Kreationen, urige Wirtshäuser, Designerrestaurants und klassische Weinstuben existieren friedlich nebeneinander. Und wenn man schon einmal in der Stadt ist, dann sollte man unbedingt

Kartoffeln mit Eiern und Grüner Soße

auch probieren, was man für gewöhnlich seltener auf den Teller bekommt: Von eritreisch bis usbekisch gibt es (fast) keine Länderküche,
die es hier nicht gibt. Ach ja, hatten wir schon „Grüne Soße" gesagt?
Grüne. Soße. Borretsch, Kerbel, Kresse, Pimpinelle, Petersilie, Sauerampfer und Schnittlauch vermengen die Frankfurter mit Mayo, Jo-
ghurt oder Sauerrahm, manchmal noch ein paar Geheimzutaten,
und fertig ist die „Grie' Soß'". Die schmeckt so gut, dass die Bewohner ihr sogar ein eigenes Denkmal gewidmet haben (in Oberrad, s.
Erlebnistouren, S. 119)

WO FRANKFURT ISST

Grüneburgpark

Zeppelinallee

Lafleur ★

WESTEND NORD

Glauburgstraße Ⓤ

NORDEND-WEST

Bisschen Apfelwein, kombiniert mit Küchen aus allen Winkeln der Welt

Bockenheimer Landstr.

Reuterweg

Senckenberganlage

WESTEND

Schicke Italiener und kleine Traditionslokale, oft etwas höherpreisig

WESTEND SÜD

Ⓢ Taunusanlage

Konstablerwache Ⓤ Ⓢ

Börsenstraße

Friedrich-Ebert-Anlage

Mainzer Landstraße

Neue Mainz

Iimori ★ 📍

KLEINMARKTHALLE

Feinkost von Italien bis Iran, Hessen bis Bayern unter einem Dach

Taunusstraße

Mainzer Landstraße

Baseler Str.

🚉 Hauptbahnhof

BAHNHOFS-VIERTEL

BAHNHOFSVIERTEL

Neue Gastro-Konzepte plus (fast) alle Landesküchen der Welt

Schaumainkai

Gartenstraße

Zum Gemalten Haus ★ 📍

GUTLEUTVIERTEL

SACHSENHAUSEN NORD

Theodor-Stern-Kai

Kennedyallee

Mörfelder Landstr.

▲
500 m
547 yd

Hauptfriedhof

Günthers-burgpark

BORNHEIM

Solzer ★ 📍

U Bornheim Mitte

📍 **Sonamu** ★

NORDEND OST

OBERE BERGER STRASSE

Alles von Pizza über Döner bis Apfelwein, meist nicht so teuer

Ostpark

Zoo Frankfurt

Hanauer Landstraße

OSTEND

Sonnemannstr.

📍 **Muku** ★

MARCO POLO HIGHLIGHTS

★ **ZUM GEMALTEN HAUS**
Ebbelwei und Handkäs' vor tatsächlich malerischer Kulisse ➤ S. 62

★ **SOLZER**
Bornheimer Apfelwein-Institution ➤ S. 62

★ **IIMORI**
Gemütlichkeit trifft auf asiatische Präzision ➤ S. 63

★ **LAFLEUR**
Frankfurts einziges Zwei-Sterne-Lokal bietet exquisite Menüs, auch für Vegetarier ➤ S. 67

★ **SONAMU**
Koreanische Hausmannskost, stylisch serviert ➤ S. 69

★ **MUKU**
Für diese japanischen Nudelsuppen steht Frankfurt Schlange ➤ S. 71

Lokalbahnhof

Offenbacher Landstr.

ALT-SACHS

Höchste Dichte an Ebbelwoi und Grie' Soß'

APFELWEIN-WIRTSCHAFTEN

ZUM EICHKATZERL 🏴

Die Nussbäume, in denen die namensgebenden Eichhörnchen lebten, sind gefallen, aber die mehr als 150 Jahre alte Apfelweintradition ist geblieben. In großen Portionen kommt Frankfurter Küche wie Saisonales auf den Teller. *Mittags geschl. | Dreieichstr. 29 | Tel. 069 61 74 80 | eichkatzerl. de | S 3–6 Lokalbahnhof | Straßenbahn 14 Frankensteiner Platz | Sachsenhausen-Nord | ⌖ O4*

FICHTEKRÄNZI 🏴

Apfelwein für Alle: In der urigen, 1849 gegründeten Wirtschaft gibt's die Klassiker der Frankfurter Küche mit reichlich Stöffsche und dicht gedrängt auf Sitzbänken bei ordentlichem Geräuschpegel. *Tgl. ab 17 Uhr | Wallstr. 5 | Tel. 069 61 27 78 | fichtekraenzi.de | Bus 30/36 Affentorplatz | Sachsenhausen-Nord | ⌖ O4*

ZUM GEMALTEN HAUS ⭐

Dieses Lokal gilt als eine der schönsten Apfelweinstuben – vor allem dank der prächtigen Fassade mit buntem Fensterglas. Und dann stimmen auch noch die inneren Werte: Grüne Soße, Apfelwein und Co. schmecken hier ebenfalls richtig gut. *Mo geschl. | Schweizer Str. 67 | Tel. 069 61 45 59 | zumgemal tenhaus.de | U 1–3, 8 Schweizer Platz | Sachsenhausen-Nord | ⌖ N5*

KANONESTEPPEL 🏴

Hausmannskost mit regionalem Bezug serviert man in der gut hundert Jahre alten Gaststätte mit Platanenhof. Sülze und Wurst werden selbst hergestellt. *So geschl. | Textorstr. 20 | Tel. 069 66 56 64 66 | kanonesteppel.de | U 1–3 Südbahnhof | S 3–6 Lokalbahnhof | Sachsenhausen-Nord | ⌖ O5*

LORSBACHER THAL

Seit 1805 kehren die Frankfurter hier auf einen Schobbe ein. Der wird noch in 0,3-Liter-Gläsern serviert, und auch bei den Speisen stimmen die Standards. Neben regionalem Apfelwein gibt es über 250 Sorten aus aller Welt. *Tgl. | Große Rittergasse 49–51 | Tel. 069 61 64 59 | lorsbacher-thal.de | Straßenbahn 14 Frankensteiner Platz | Sachsenhausen-Nord | ⌖ O4*

SOLZER ⭐

Wie schafft es diese Crew, derartig schnell und noch dazu freundlich immer hervorragend schmeckende Grüne Soße und anderes Frankfurterisches zu zaubern? Ganz egal, an welchem Tag man es versucht: Es wird voll sein, laut und sehr gesellig, aber dafür gemütlich und lecker. *Tgl. | Berger Str. 260 | Tel. 069 45 21 71 | solzer-frankfurt. de | U 4 Bornheim Mitte | Straßenbahn 12 Saalburgstraße | Bornheim | ⌖ Q2*

CAFÉS & CO.

CAFÉBAR IM KUNSTVEREIN

Gute hausgemachte Kuchen, dazu marktfrische Speisen auf der Basis ausgewählter Produkte aus der Region bzw. aus verantwortungsvoller Haltung. An der Kaffeemaschine ein zertifizierter Barista. Tolles Ambiente mit 50er-Jahre-Wandmosaiken und Vinta-

Im Fichtekränzi fließt der Apfelwein in Strömen

ge-Möbeln zwischen historisch anmutendem Gewölbe. *Tgl. | Markt 44 | Tel. 069 84 77 08 63 | cafe.fkv.de | U 4/5 Römer | Altstadt | ▥ O4*

DAS EIS

Alles bio und ohne Konservierungsstoffe – von der Milch bis zur Waffeltüte. Saisonale Zutaten stecken in Sorten wie Mango-Ingwer, Dattel-Chili, Kürbis-Honig. *Tgl. | Hasengasse 1–3 | Tel. 069 74 73 14 09 | daseis.eu | U-/S-Bahnen Konstablerwache | Altstadt | ▥ O4*

FEIN ⚑

Eine ehemalige Trinkhalle mutierte zum Sommercafé mit Vintage-Mobiliar im Grün der Wallanlagen. Aus dem restaurierten Holzhäuschen kommen Tees, frischer Cappuccino, Törtchen und Snacks. *Tgl. | Petersstr. 4–6 | U-/S-Bahnen Konstabler Wache | Altstadt | ▥ O3*

HOPPENWORTH & PLOCH

Man kann auch in eines der schicken Cafés im Nordend *(Friedberger Landstr. 86)* oder im Dom-Römer-Quartier *(Markt 22)* gehen. Seine Wurzeln aber hat das Duo Hoppenworth & Ploch, kurz Hoplo, auf dem Campus der Goethe-Uni, wo man den vielleicht besten Uni-Kaffee weit und breit genießen kann. *Tgl. | Siliostr. 7 | hoppenworth-ploch.de | U1–3, 8 Miquel-/Adickesallee | Westend-Nord | ▥ O4*

INSIDER-TIPP
Besser geht's nicht

IIMORI ★ ☂

Japan trifft Frankreich: Fast wie eine Puppenstube wirkt Azko Iimoris

Typischer geht's nicht: Handkäs' mit „Musik" (Zwiebeln) und Kümmel

schmales Patisserie-Café mit Blumensofas und Minitischchen. An der Theke wird bestellt: Grüner-Tee-Kuchen, Milchbrötchen, Reistee. *Tgl.* | *Braubachstr. 24* | *Tel. 069 97 76 82 47* | *U 4/5 Dom/Römer* | *Altstadt* | ⊞ *O4*

CAFÉ KARIN ⚑

Katerfrühstück nach Mittag? Lieber gemütlich als glatt? Dann auf ins Karin: Waschechtes Lieblingscafé, oft voll und eng und laut, in dem das Frühstück bis zum Abend serviert wird. *Tgl.* | *Großer Hirschgraben 28* | *Tel. 069 29 52 17* | *cafekarin.de* | *U-/S-Bahnen Hauptwache* | *Altstadt* | ⊞ *N3*

MAINGOLD

Gemütliche Adresse für ein spätes Sonntagsfrühstück mit Rührei, Obstsalat und Kuchen – auf den Sofas und Sesseln oder auf der Gartenterrasse. *Tgl.* | *Zeil 1* | *Tel. 069 28 33 27* | *cafemaingold.de* | *U 6/7 Zoo* | *Innenstadt* | ⊞ *P3*

MEHLWASSERSALZ

Der Name ist Programm: Mehr als diese Grundzutaten brauche es nicht für ein gutes Brot, finden die Betreiber des Cafés, das in die Räumlichkeiten des Museums für Moderne Kunst (MMK) eingezogen ist. Tatsächlich backen Dennis Aukili und Milan Müller ganz ohne Hefe – und ernten damit viel Begeisterung. Kleine Bio-Gerichte runden das Angebot ab. *Mo geschl.* | *Domstr. 10* | *mehlwassersalz.club* | *U 4/5 Dom/Römer* | *Altstadt* | ⊞ *O4*

METROPOL – CAFÉ AM DOM ⚑

Trotz beachtlicher Größe ist es hier eigentlich immer knallvoll. Gemütlich wird's, wenn man Zeit mitbringt: Vom Süppchen bis zum leckeren Kuchen geht alles, aber hübsch langsam. Bei schönem Wetter speist man auf der großen Sonnenterrasse. *Mo geschl.* | *Am Weckmarkt 13–15* | *Tel. 069 28 82 87* | *metropolcafe.de* | *U 4/5 Römer* | *Altstadt* | ⊞ *O4*

WE LOVE CUPCAKES

Red Velvet, Belgian Chocolate & Peanutbutter Jellys: We love Cupcakes macht die köstlichen Cupcakes mit den besten Toppings der Stadt. Nach der Caféschließung war man viele Jahre nur noch auf Weihnachtsmärkten unterwegs – die Termine strichen sich Fans schon weit im Voraus im Terminkalender an. Jetzt ist die Crew

Unsere Empfehlung heute

Vorspeisen

HANDKÄS'
Sauermilchkäse mit oder ohne „Musik"
(Zwiebel-Essig-Tunke), auf Wunsch
ordentlich Kümmel obendrauf

SCHNEEGESTÖBER
Angemachter Camembert oder Gervais,
üppig mit Butter vermischt und mit
Paprikapulver bestäubt

Hauptgerichte

GRIE SOSS'
(FRANKFURTER GRÜNE SOSSE)
Kalte Soße aus Borretsch, Kerbel, Kresse,
Petersilie, Pimpinelle, Sauerampfer und
Schnittlauch mit Joghurt/Mayonnaise
und Kartoffeln; wahlweise mit Tafelspitz,
Eiern oder Frankfurter Schnitzel

HASPEL
Gekochte Schweinshaxe, serviert mit
Sauerkraut, dazu wahlweise eine
Scheibe Brot oder Kartoffeln

RIPPSCHE
Gekochte, auf Wunsch gegrillte
Rippenpartie vom Schwein, mit Kraut

SCHÄUFELSCHE
Schulterstück vom Schwein, gekocht,
auf Wunsch auch gegrillt

Desserts

MISPELCHEN
Calvados mit eingelegter Mispel

HADDEKUCHE
Flache Lebkuchen, die es nur beim
„Brezelmann" gibt, der mit seinem Korb
voll salzigem Gebäck und Süßem durch
die Apfelweinwirtschaften zieht

Getränke

EBBELWOI, EBBELWEI, STÖFFSCHE
(APFELWEIN)
Traditionell serviert im Bembel

Zum Kaffee

BETHMÄNNCHEN
Marzipankugeln mit drei
Mandelblättchen nach dem Rezept der
Bankiersfamilie Bethmann

FRANKFURTER KRANZ
Lockerer Rührteigkuchen in Ringform,
gefüllt mit Johannisbeergelee und
Buttercreme

INSIDER-TIPP
Cupcakes statt Scones

endlich zurück mit eigenem Café. Jedes Wochenende gibt's nur auf Vorbestellung Tea-Time mit Etagère, Cupcakes inklusive. *Mo geschl. | Gartenstr. 35 | welo vecupcakes.de | U 1–3, 8, Straßenbahn 15/16/19 Schweizer Platz | €€ | Sachsenhausen-Nord | ▥ N5*

ZEIT FÜR BROT

Kaffee, Kuchen und natürlich Brot in Bioqualität – mit raffiniertem Belag, auch in Begleitung von Salat. Und ganz nebenbei eine wichtige Adresse für alle, die auch sonntags ofenfrische Backwaren mit nach Hause nehmen wollen. *Tgl. | Oeder Weg 15 | Tel. 069 56 99 81 50 | zeitfuerbrot.com | U 1–3 Eschenheimer Turm | Nordend-West | ▥ N3*

RESTAURANTS €€€

BLUMEN

Ein paar Treppenstufen hinab geht's in dieses Lokal, das seinem Namen einem ehemaligen Floristen verdankt. Nur eine Handvoll Tische und ein paar Plätze an der Bar versprechen die perfekte Atmosphäre für ein wechselndes 5-Gang-Menü ohne viel Chi-Chi. Man duzt sich. Zu Gerichten wie Wildfilet mit Waldmoos, feinem Fisch oder Sellerie-Baiser gibt's

INSIDER-TIPP
Weinersatz

im Blumen Bioweine. Noch besser: eine perfekt abgestimmte Cocktail-Begleitung zu jedem Gang. Wirklich ausgefallene Kreationen; auf Wunsch sogar alkoholfrei. *So/Mo geschl. | Rotlintstr. 60 | Tel. 069 49 08 65 10 | blumen.res*

taurant | Straßenbahn 12 Rothschildallee | Nordend-Ost | ▥ O2

CARMELO GRECO

Klassische italienische Rezepte neu interpretiert: Der Sternekoch kreiert z. B. Carne su Carne, einen Mix aus Carpaccio und Carne cruda. *Sa mittags u. So geschl. | Ziegelhüttenweg 1–3 | Tel. 069 60 60 89 67 | carmelo-greco.de | Straßenbahn 14 Oppenheimer Landstraße | Sachsenhausen-Süd | ▥ N6*

FRANZISKA

2013 wurde der Henninger Turm abgerissen, inzwischen haben die Frankfurter ihr beliebtes Hochhaus wieder. Oder zumindest so eine Art Ersatz. Davon profitierst auch du: Im neuen Turm nämlich hat das Franziska Einzug gehalten, in dem gutbürgerliche Küche mit zeitgemäßem Dreh serviert wird. Falscher Hase oder Senfeier genießt man hier aber nicht in rustikalem Ambiente, sondern mit ordentlich Bling-Bling – und der mit

INSIDER-TIPP
Gib dem falschen Hasen Ausblick

Abstand besten Aussicht aus einem Frankfurter Lokal. *Tgl. | Hainer Weg 72 | €€€ | mook-group.de/franziska | S 3–6 Lokalbahnhof | Bus 30/36 Hainer Weg | Sachsenhausen-Süd | ▥ O5*

GOLDMAN

Die Freuden einer zeitgemäßen, gehobenen Küche genießen ist alles andere als eine steife Angelegenheit, zumindest im Goldman. Dort bringt das junge Team z. B. Brunnenkresseschaumsüppchen oder Damhirsch mit Molejus, Aprikosen und Steinpilz-

knöpfli auf die Teller – und das ver-
dammt gut! *Nur abends, So geschl.* |
Hanauer Landstr. 127 | *Tel. 069
40 58 68 98 06* | *goldman-restaurant.
com* | *S-Bahnen Ostendstraße* | *Stra-
ßenbahn 11 Ostendstraße* | Ostend |
Q4

LAFLEUR ⭐
Gourmets und der Guide Michelin ir-
ren nicht: Das Lafleur ist die beste
Adresse Frankfurts (zwei Sterne), wo
Andreas Krolik für eine zeitgenös-
sisch-klassische, perfekt ausbalancier-
te Küche mit oft regionalen Produkten
und einem asiatisch-mediterranen
Touch sorgt – und damit auch Vegetarier und Veganer mit eigenem Menü
glücklich macht! *Di/Sa mittags und So/
Mo geschl.* | *Palmengartenstr. 11* | *Tel.
069 90 02 91 00* | *palmengarten-gast
ronomie.de* | *U 6/7 Westend* | West-
end-Nord | M2

Panoramablick zum Mittagstisch:
im Main Tower Restaurant

LOHNINGER
Mario Lohninger pflegt seine österrei-
chischen Wurzeln, lässt aber auch seine Erfahrungen der Weltküche einflie-
ßen. Deshalb hat man hier die Qual
der Wahl: Original Wiener Schnitzel,
feinstes *yellow fin tuna sashimi* oder
doch lieber vegetarische Haute Cui-
sine? *Tgl.* | *Schweizer Str. 1* | *Tel. 069
2 47 55 78 60* | *lohninger.de* | *U 1–5, 8
Willy-Brandt-Platz* | *U 1–3, 8 Schweizer
Platz* | Sachsenhausen-Nord | N4

MAIN TOWER RESTAURANT
Höher geht's nicht! Im Main Tower be-
kommst du feine Filets, Desserts und
edle Weine im 53. Stock, auf 187 m
Höhe. Ein spektakulärer Panorama-
blick ist dir außerdem sicher – und zur
Mittagszeit ist das Ganze beim Light
Lunch sogar noch deutlich erschwing-
licher. *So und Sa mittags geschl.* |
Neue Mainzer Str. 52–58 | *Tel. 069
36 50 47 77* | *maintower-restaurant.
de* | *U 6/7 Alte Oper* | *S-Bahnen Tau-
nusanlage* | Innenstadt | N4

WEINSINN
Wie überzeugt man auch die New York
Times? Mit unkompliziertem Service
plus einem Menü aus tagesfrischen
Zutaten, inspiriert von der jungen Bis-
tronomics-Kultur. *So/Mo geschl.* | *We-
serstr. 4* | *Tel. 069 56 99 80 80* | *wein
sinn.de* | *U 1–5, 8 Willy-Brandt-Platz* |
Bahnhofsviertel | N4

RESTAURANTS €€

HEIMAT

Junge, kreative Küche in einem Kiosk-Pavillon der 1950er-Jahre: gebeizter Seeteufel mit Curry-Blumenkohl-Carpaccio und Queller, Tranchen vom Duroc-Schwein mit Ratatouille – und dazu eine exquisite Auswahl europäischer Weine. *Tgl. | Berliner Str. 70 | Tel. 069 29 72 59 94 | heimat-restaurant.de | U 1–5, 8 Willy-Brandt-Platz | Altstadt | ⊞ N4*

IWASE

Das beste Sushi der Stadt? Gibt's vielleicht hier. Ein schlichtes, kleines, gemütliches Lokal mit erfahrenen Sushi-Köchen. Wer Sushi nur vom Fließband zum All-you-can-eat-Preis kennt, wird hier den rohen oder gebratenen Fisch in neuen Dimensionen kennen lernen. Einsteiger und Gäste mit schmalerem Geldbeutel kommen am besten zum günstigeren Mittagsmenü. *Mo geschl. | Vilbeler Str. 31 | Tel. 069 28 39 92 | iwase.juisyfood.com | U-/S-Bahnen Konstabler Wache | Innenstadt | ⊞ O3*

LEUCHTENDROTER

Umami-Bällchen, Pilze-Gnocchi, hausgebackenes Brot: Deftig und einfach soll sie sein, die vegetarische Küche im Leuchtendroter, von dessen Karte man sich am besten mehrere Kleinigkeiten bestellt und dann mit seinen Tischnachbarn teilt. Das stylisch gestaltete Lokal befindet sich im Hotel Lindley, steht aber auch allen anderen Gästen offen. *Tgl. | Lindleystr. 17 | Tel.*

069 5 06 08 60 54 | leuchtendroter. com | Straßenbahn 11 Schwedler Str. | Ostend | ⊞ R4

NAIV

Location mit einer Schwäche für Bier (rund 90 Sorten, zwei eigene Marken), Möbel, die auf Anfrage gefertigt werden, und Design. Wandelt sich wochenends vom Café fürs späte Frühstück übers Bistrorestaurant zur Bar. *Tgl. | Fahrgasse 4 | naiv-frankfurt.de | Straßenbahn 11, Bus 36 Schöne Aussicht | Altstadt | ⊞ O4*

OOSTEN

Im rundum verglasten Kubus hast du den besten Ausblick auf Main und Osthafen – zumindest mit Fensterplatz. Die Küche serviert wechselnd Saisonales, immer mit vegetarischer Auswahl. Am Wochenende wird es hier sehr voll. Wintergarten und Sonnenterrasse machen das Lokal zum beliebten Ausflugsziel bei jedem Wetter. *Tgl. | Mayfarthstr. 4 | freigut-frankfurt.com | Straßenbahn 11, Bus 32 Ostbahnhof/Sonnemannstr. | Straßenbahn 18 Hospital zum Heiligen Geist | Ostend | ⊞ P4*

PASTA DAVINI

Nudeln essen wie bei Mamma: Hier ist die Atmosphäre familiär und die Pasta delizioso! Speisekarten gibt es nicht, doch alles, was Roswitha Stern und ihr Team auf die Teller zaubern, schmeckt köstlich. Hausgemachte Nudeln treffen auf Saucen, deren Rezepte von toskanischen Hausfrauen höchstpersönlich überliefert sein sollen. *Tgl. | Heiligkreuzgasse 9A | Tel. 069*

57 80 51 06 | *pasta-davini.de* | *U-/S-Bahnen Konstablerwache* | *Innenstadt* | 🗺 *M–N4*

LE PETIT ROYAL

Weniger Bling-Bling als der große Bruder in Berlin, aber genau so viel „Hmm": Der Ableger vom legendären Grill Royal gibt sich typisch Frankfurterisch. Hier haut man weniger auf den Putz, aber im reduzierten Midcentury-Ambiente werden ganz ähnlich feine Speisen eines klassischen Steakrestaurants serviert – zum Beispiel Entrecôte vom Grill, Moules Frites oder auch Safran-Risotto. *So/Mo geschl.* | *Neckarstr. 13* | *Tel. 069 75 66 62 50* | *lepetitroyal.de* | *U 1–5, 8 Willy-Brandt-Platz* | *Bahnhofsviertel* | 🗺 *M–N4*

SONAMU ⭐

Koreanische Hausmannskost aus Mamas und Papas Küche und vor jeder Hauptspeise Gratis-Köstlichkeiten: von eingelegter Lotuswurzel bis zum Nationalgericht Kimchi. Mit diesem Konzept hat sich das Sonamu in wenigen Jahren sehr beliebt gemacht. *Mo geschl.* | *Berger Str. 184* | *Tel. 069 90 43 72 50* | *U 4 Bornheim Mitte* | *Nordend-Ost* | 🗺 *P2*

STANLEY DIAMOND

Zwischen grünem Marmor und unter einer Kupferdecke trifft Glamour auf „gehobene Hausmannskost", wie es ganz bescheiden heißt. Gemeint sind Lieblingsgerichte wie Schmorbraten, Loup de Mer, Tarte oder Risotto in verfeinerten Versionen. Toll

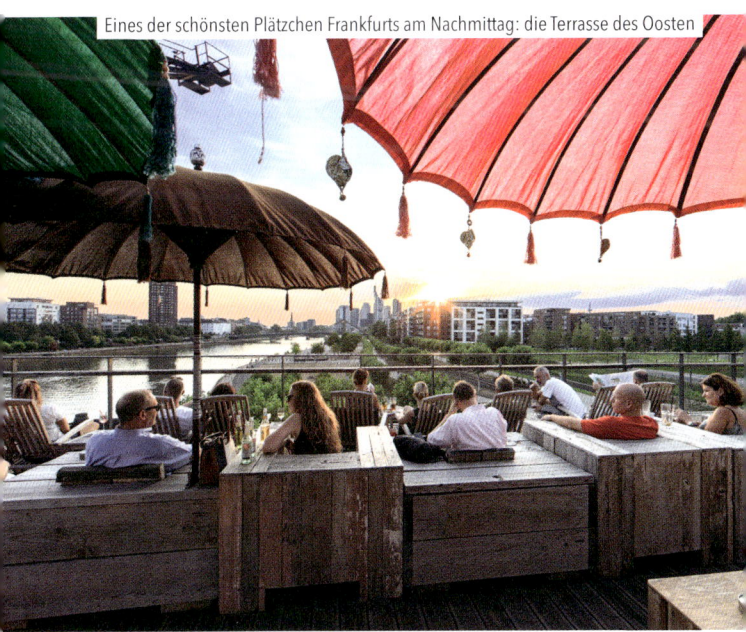
Eines der schönsten Plätzchen Frankfurts am Nachmittag: die Terrasse des Oosten

für Probierfreudige: die Tastingmenüs mit sechs bis acht Gängen. *So/Mo geschl. | Ottostr. 16 | Tel. 069 26 94 28 92 | stanleydiamond.com | U-/S-Bahnen Hauptbahnhof | Gallus | ⌂ M4*

VIPHO

Dampfende Pho Bo, würzige Sommerrollen, milde Currys und fernöstlicher Pfannkuchen: Appetit bekommen? Dann auf zum Vipho, einem der vermutlich am hübschesten dekorierten Vietnamesen der Stadt. Er hat jeden Tag geöffnet und bietet zum Schluss noch einen typisch vietnamesischen Kaffee mit viel Kondensmilch! *Tgl. | Oeder Weg 21 | Tel. 069 55 67 46 | vipho.de | U 1–3, 8 Eschenheimer Tor | Nordend-West | ⌂ N3*

BEST WORSCHT IN TOWN

Wer's preiswert, aber schön scharf mag, ist hier goldrichtig. Die Currywurst-Experten von Best Worscht in Town bieten den Klassiker des deutschen Fastfoods plus hausgemachte Saucen in unterschiedlichen Scoville-Graden. Was die Schärfe angeht, sollte man unbedingt auf die erfahrenen Mitarbeiter hören! *So geschl. | Grüneburgweg 37 (zehn weitere Filialen im gesamten Stadtgebiet) | bestworschtintown.de | U 1–3, 8 Grüneburgweg | Westend-Süd | ⌂ N2*

FRITTENWERK

Pommes sind für dich die Krone der kulinarischen Schöpfung? Dann bist du im Frittenwerk goldrichtig: Die selbsternannte Pommesmanufaktur bringt die köstlichsten Poutines auf den Tisch – also Pommes frites mit deftigen Saucen und Toppings, wie man sie in Kanada gern isst. Mit Bratensauce, Chili con carne, Meatballs oder Pulled Turkey (auch vegetarisch!) plus frischem Gemüse und Kräutern müssen selbst Kritiker zugeben, dass eine ganze Mahlzeit draus wird. *Tgl. | Kaiserstr. 76 | frittenwerk.com/frankfurt | U-/S-Bahnen Hauptbahnhof | Bahnhofsviertel | ⌂ M4*

GOKIO BROS.

Knusprig frittierte Hähnchenschenkel, dazu Waffeln und eine hausgemachte Sauce nach Wahl – fertig ist das Soulfood à la Korea. Macht glücklich und den vielen begeisterten Stammgästen zu Folge süchtig. *Tgl. | Oeder Weg 26 | Tel. 069 15 34 69 11 | gokio.de | U 1–3, 8 Eschenheimer Tor | Nordend-West | ⌂ N3*

IM HERZEN AFRIKAS

Ja, die Unterlage darf man mitessen! In der äthiopisch/eritreischen Küche werden die köstlichen Schmorgerichte mit oder ohne Fleisch auf säuerlich-fluffigem Brot, genannt Injera, serviert. Frankfurt hat sich zu einem Mekka für Freunde jener ostafrikanischen Landesküche entwickelt. Zum Einstieg empfiehlt sich dieses Evergreen – Erlebnisambiente (Sand!), günstige Preise, zentrale Lage. *Tgl. | Gutleutstr. 13 | Tel. 069 24 24 60 80 | im-herzen-afrikas.de | U 1–5, 8 Willy-Brandt-Platz | Bahnhofsviertel | ⌂ N4*

MONTANA

Ist man hier in einem Comic gelandet? Die Neonröhren begrüßen Besucher schon am Eingang, die Wände sind knallbunt, und der Pizzaofen ist ein riesengroßer Smiley. Doch es gibt auch handfeste Qualitäten – die neapolitanischen Pizzen in dieser Pizzeria im Bahnhofsviertel gehören nämlich zu den besten der Stadt. Kleine, aber feine Auswahl von Margherita bis Peperoncini mit süßen Zwiebeln. *Tgl. | Weserstr. 14 | Tel. 069 26 48 67 14 | montana-pizzeria.de | Straßenbahn 12 Weser-/Münchener Straße |* Bahnhofsviertel *|* ⊞ *N4*

MUKU ⭐

Best Nudelsuppe in town: Wenn's um den beliebtesten Ramen-Lieferanten geht, dann sind sich Frankfurter einig. Bei Muku ist es quasi immer voll. Neben den berühmten japanischen Nudelsuppen stehen Reisschalen mit Thunfisch oder gegrillter Schweinebauch auf der Karte. *So/Mo geschl. | Dreieichstr. 7 | Tel. 069 48 44 51 53 | muku-ramen.com | Straßenbahn 18 Frankensteiner Platz |* Sachsenhausen-Nord *|* ⊞ *P4*

WALON & ROSETTI

European Fusionfood in oft extravaganter Kombination schafft die Basis für beste Cocktails, die du in gemütlich-coolem Ambiente (grüne Wände, Holzinventar) genießt. Hirschbulette oder Pulpo mit Wildkräutersalat würzt die Crew gern auch mit Livemusik. *So geschl. | Moselstr. 15 | Tel. 069 25 75 59 73 | walon.rosetti.com | U-/S-Bahnen Hauptbahnhof |* Bahnhofsviertel *|* ⊞ *M4*

Im Stanley Diamond nimmt man sich ein Menü lang eine Auszeit vom Alltag

SHOPPEN & STÖBERN

Frankfurts zentrale Shoppingmeile ist die Zeil. Richtig schön geht anders, aber Frankfurt ist eben auch immer noch eine kleine Metropole. Die meisten Kaufhäuser und Läden findet man in der Innenstadt – und die ist oft voll.

Wer keine Lust auf Geschubse und Gedrängel hat, kann es in den noblen Boutiquenstraßen zwischen Roßmarkt und Alter Oper versuchen. Die edelsten Namen internationaler Labels finden sich in der Goethestraße, im Steinweg, in der Schillerstraße und in der Freßgass'. Oder man weicht zum Beispiel auf die moderne Shopping-Mall im

MyZeil

Europaviertel, die Skyline Plaza, aus. In den Stadtteilen findet man noch Einkaufsstraßen mit eigenem Charakter. Die charmantesten liegen im Brückenviertel: Frankfurter Designer und Second-hand-Boutiquen finden sich hier Tür an Tür mit Plattenläden und Buchhandlungen. In der Schweizer Straße geht es schon deutlich schicker zu. Der Oeder Weg im Nordend versucht sich mit einer Mischung aus Öko und Design, und auf der Leipziger Straße im Studentenviertel Bockenheim sorgen Geschäfte aller Art für eine lebendige Atmosphäre, zunehmend gesäumt von Billigläden.

WO FRANKFURT SHOPPT

LEIPZIGER STRASSE
Traditionshändler, Kaffeeröster und Konditoren neben Filialen

U Leipziger Straße

BOCKENHEIM

Grüneburgpark

WESTEND NORD

Palmengarten

ZEIL & INNENSTADT
Die höchste Kaufhaus- und Menschendichte der Stadt

WESTEND SÜD

MARCO POLO HIGHLIGHTS

★ **MYZEIL**
Shoppen im spektakulären Glastrichterhaus ➤ S. 76

★ **KLEINMARKTHALLE**
Deftiges und Exotisches zum Kochen ➤ S. 79

★ **HAYASHI**
High Fashion im Ambiente eines Wohnzimmers ➤ S. 80

★ **PEGGY SUE**
Fifties-Paradies für Retro-Fashion-Fans ➤ S. 81

★ **TÖPFEREI MAURER**
Maßgefertigte Bembel – jeder Krug ein Unikat ➤ S. 83

★ **WEINGUT DER STADT FRANKFURT**
Riesling trocken und Spätlese aus Trauben von Frankfurts Stadtweinberg ➤ S. 83

FLOHMARKT AM MAINUFER
Jeden Samstag gibt's Schickes & Schönes, Gebrauchtes & Günstiges

Hauptbahnhof

GUTLEUTVIERTEL

Eschersheimer Landstraße

Hansaallee

Bremer Str.

Reuterweg

Zeppelinallee

Senckenberganlage

Mainzer Landstr.

Neue Mainzer Str.

Taunusstraße

Baseler Platz

Theodor-Stern-Kai

Kennedyallee

OEDER WEG

Individuelle Boutiquen, darunter eine eigene Hutmacherin

Hauptfriedhof

Adickesallee

Rat-Beil-Str.

Nibelungenallee

Friedberger Landstr.

Günthers-burgpark

Rothschildallee

NORDEND WEST

NORDEND OST

U Höhenstraße

Wittelsbacher-allee

U Merianplatz

BERGER STRASSE

Hauptsächlich Lokale und Cafés, aber auch einige Einzelhändler und Boutiquen

Eschenheimer Anlage

Bleichstraße

U Eschenheimer Tor

Friedberger Anlage

Seilerstraße

Hanauer Landstraße

Hayashi ★

MyZeil ★

U S Hauptwache

Kleinmarkthalle ★

Battonnstr.

Lange Str.

OSTEND

Weingut der Stadt Frankfurt ★

Oskar-v.-Miller-Str.

INNENSTADT

Main

Wasserweg

Hafenpark

Deutschherrnufer

BRÜCKENVIERTEL

Frankfurts charmante Meile mit Plattenläden, Jungdesignern & Krimibuchladen

Peggy Sue ★

Töpferei Maurer ★

Gartenstraße

Stegstr.

Siemensstr.

U Schweizer Platz

Offenbacher Landstraße

SACHSENHAUSEN

Mörfelder Landstraße

Darmstädter Landstr.

500 m
547 yd

EINKAUFSPASSAGEN

MYZEIL ⭐

Das eindrucksvoll mit Glasrichtern gestaltete Shopping-Center lockt nicht nur mit außergewöhnlicher Architektur, über 50 Läden und Food-Adressen, sondern ganz nebenbei auch noch mit einer der längsten innen liegenden Rolltreppen Europas, die vom Erdgeschoss bis nach ganz oben führt. Nur für Schwindelfreie! *Zeil 106 | U-/S-Bahnen Hauptwache | Innenstadt | ⬜ N3*

SKYLINE PLAZA

Wo der Handel floriert, ist Frankfurt am internationalsten. Das gilt nicht nur für die Messe, sondern auch für die Shoppingcenter. Eines der neusten ist das Skyline Plaza am Rand des Europaviertels, das sich gerade zur neuen Heimat für Besserverdiener aus aller Welt mausert. Die genießen

hier eine relativ hochkarätige Auswahl an Food-, Lifestyle- und Modefilialen und verschnaufen bei einem Kaffee oder Snack. Gut geshoppt, aber keine Lust auf Schleppen? Dann **lass dir den Einkauf gegen kleine Gebühr doch einfach ins Hotel liefern!** Auch sonst trumpft das Einkaufscenter als Rundum-Sorglos-Adresse auf – mit Massagesesseln, Kinder-Kit und Spielplatz oder Meridian-Spa im Obergeschoss (s. S. 100). *Europaallee 6 | skylineplaza.de | U 4 Festhalle/Messe | Gallus | ⬜ L4*

**INSIDER-TIPP
Tüten schleppen ade**

ZUM SCHENKEN & BEHALTEN

BÜRSTENHAUS

Ein ganzes Geschäft nur für Bürsten: Unter dem Motto „Frankfurts schönste Bürsten" werden, nun ja, Bürsten jeglicher Couleur feilgeboten: Haarbürsten, Zahnbürsten und Badebürsten, Bürsten zum Reinigen von Böden, Schuhen und Bädern. Spezialbürsten und solche für jeden Tag, besonders hübsche und handgefertigte Exemplare und günstigere. Dazu: Feine Seifen aus der Provence, Stoffe und Tücher fürs gepflegte Heim. Auch zum Schauen lohnt sich der Besuch. Aber bitte nicht wundern, wenn dann plötzlich doch der Wunsch nach einer ganz bestimmten neuen Lieblingsbürste erwacht... *Töngesgasse 27 | U-, S-Bahnen Hauptwache | Altstadt | ⬜ O3*

BLANKET STORE

Flauschig oder fest, Yak oder Kaschmir, bunt kariert oder puristisch in Creme?

WOHIN ZUERST?

Frankfurts geballtes Shoppingangebot in den allgemein bekannten Stores und Kaufhäusern findest du auf der Einkaufsmeile **Zeil** *(⬜ N–O3) (U-/S-Bahnen Haupt- oder Konstablerwache).* Exklusives von renommierten Designern und hochwertig Schmückendes gibt es dicht an dicht auf der **Goethestraße** *(⬜ N3) (U 6/7 Alte Oper | U-/S-Bahnen Hauptwache).* Für junge Kreativität in Sachen Mode stehen **Brücken-**, **Schul-** und **Wallstraße** *(⬜ O4) (Bus 30/36 Elisabethenstraße)* in Sachsenhausen.

Die Skyline Plaza trumpft mit vielen Geschäften und schönen Ausblicken vom Dach

Bei Natalie Gray ist eine Decke schöner als die andere. Bis unter die (kein Wortwitz) Decke stapeln sich in ihrem superkleinen, superfeinen Laden die Überwürfe, Knie- und Ganzkörperdecken, die sie aus allen Winkeln der Welt zusammengetragen hat. Keine Schnäppchen, aber dafür in kleinsten Auflagen mit hochwertigen Naturmaterialien gefertigt. *Mi–Sa 12–17 Uhr | Hasengasse 2 | blanketstore.de | U4/5 Dom/Römer | Altstadt | ▥ O3-4*

HAIZMANN 🏴
Auch so was gibt's in Frankfurt: ein Traditionsgeschäft, das sich ausschließlich auf Füllhalter spezialisiert hat. Und damit seit einem halben Jahrhundert in teurer Innenstadtlage höchst erfolgreich ist. Hier berät die Chefin noch persönlich – völlig egal, in welcher Preisklasse man unterwegs ist. *Schillerstr. 30 | U 1–3, 8 Eschenheimer Tor | Innenstadt | ▥ N3*

KIOSK
Vom Kissen über Schlüsselbänder bis hin zu Buttons und bestickten Textilkarten gibt's in diesem winzigen Eckraum, der tatsächlich mal ein Kiosk war. *Musikantenweg 32 | U 4 Merianplatz | Nordend-Ost | ▥ P3*

LAST CENTURY MODERN
Retroobjekte von der Reuge-Spieluhr über Blechspielzeug bis zu Scherzartikeln und Comics vergangener Tage. *Domstr. 6 | last-century-modern.com | U 4/5 Dom/Römer | Altstadt | ▥ O4*

NO. 2 RECORDS
Hier gibt es nicht nur eine gut sortierte Auswahl an Vinyl jeglicher Musikrichtung und Preisklasse (alt und neu), sondern auch die sogenannten Instore Gigs, Konzerte in Wohnzimmeratmosphäre, mitten im Plattenladen. Statt

INSIDER-TIPP
Heimelige Live-Gigs

Eintritt wird um Spenden für die auftretenden Musiker gebeten. Termine auf der Website. *Wallstr. 15 | no2-records.de | Bus 36 Affentorplatz |* *Sachsenhausen-Nord | ⊞ O4*

KULINARISCHES

APFELWEINKONTOR

Ebbelwoi ist nicht gleich Ebbelwoi: Im Apfelweinkontor verkaufen Konstantin Kalveram und Michael Rühl eigene

INSIDER-TIPP
Für Apfel-
gourmets

Spezialitäten und die befreundeter Keltereien. Vom sortenreinen Apfeldessertwein bis zum Jahrgangsapfelscheimwein – diese Apfelwein-Spezialitäten sind echte Raritäten. *Wallstr. 13 | apfelweinkontor.com | Bus 30 Elisabethenstraße |* *Sachsenhausen-Nord | ⊞ O4*

BITTER & ZART

Pralinen, Bonbons, Schokoladencremes, Milch- und Bitterschokoladen. Im Sommer gibt es zartschmelzende „Frankfurter Pflastersteine". *Braubachstr. 14 | bitterundzart.de | U 4/5 Dom/Römer |* *Altstadt | ⊞ O4*

CONFISERIE EUBE

Feine Teilchen, gefüllt mit Himbeer-, Vanille- oder Schokobuttercreme: Wer süße Confiserie mag, wird die nur dem Namen nach kleinen Petit Fours der Familienkonditorei Eube lieben. Kindern gefallen die 👶 Motivtorten – perfekt für einen besonderen Anlass in der Stadt. Zum Mitnehmen für zu Hause gibt's zum Beispiel Pralinen. *Leipziger Str. 31 | confiserie-eube.de | U 6/7 Leipziger Straße |* *Bockenheim | ⊞ L2*

GREF-VÖLSINGS

Für Fans der berühmten Rindswurst ist der Besuch im Ostend ein Muss: Seit 1894 wird die vom Familienunternehmen Gref-Völsing produziert, hier kann man sie quasi direkt „ab Werk" probieren und auch mit nach Hause nehmen. Außerdem: Mittagskarte mit einfachen, deftigen Tagesgerichten. *Hanauer Landstr. 132 | gref-voelsings.de | U 6/7 Ostbahnhof | Straßenbahn 11 Osthafenplatz |* *Ostend | ⊞ Q4*

KAFFEERÖSTEREI WISSMÜLLER 🚩

Den meisten nur als „Stern Kaffee" benannt (so heißt die Kaffeesorte), gehört das Familienunternehmen Wissmüller neben Wacker's zu den traditionsreichen Röstereien in Frankfurt. In Bockenheim kann man sich die Bohnen mitnehmen – im urigen Vorraum der Hausrösterei, wo es unwiderstehlich duftet. Mehrmals pro Woche wird frisch geröstet. *Leipziger Str. 39 | wissmueller-kaffee.de | U 6/7 Leipziger Straße |* *Bockenheim | ⊞ L2*

NAIV STORE & TASTING ROOM

Wer braut die besten Biere? Bei Naiv kann jeder Gersten-Jury sein: Zum Lokal gehört auch ein Tasting Room. *Mi–Fr 15–19, Sa 13.30–19 Uhr | Fahrgasse 4 | naiv-frankfurt.de | Straßenbahn 11/12 Börneplatz | Bus 36 Schöne Aussicht |* *Altstadt | ⊞ O4*

MÄRKTE

FLOHMÄRKTE

Trödeltreiben an zwei regelmäßig wechselnden Orten: Mal bauen die

Händler entlang des Mainufers am *Schaumainkai*  *N–O4) (U-Bahnen Römer, Willy-Brandt-Platz, Schweizer Platz)* ihre Stände auf, mal versuchen sie, ihre Schätzchen im *Osthafen (O4) (Lyndleystr. | U 6 Ostbahnhof | Straßenbahn 11 Schwedlerstraße)* an die Frau oder den Mann zu bringen. *Sa 8–14 Uhr*

KLEINMARKTHALLE ⭐ 🌂

Ob Handkäs' oder Halwa, persische Pistazien oder Oberräder Kartoffeln – hier sind alle Kulinaria versammelt, die Köche und Genießer schätzen. Im ersten Stock gibt's Edles vom Italiener und Franzosen, auf dem großen Balkon trifft man sich auf ein Glas und einen Happen. Im Erdgeschoss werden neben Worscht, Weck und anderen Viktualien auch Blumen verkauft, während der Keller das Reich der lebenden Fische ist. *Mo–Fr 8–18, Sa 8–16 Uhr | Hasengasse 5–7 | klein markthalle.de | U-/S-Bahnen Hauptwache | Altstadt | O4*

WOCHENMÄRKTE

Fast jeder Stadtteil hat seinen Markt. Zu den schönsten zählt der von *Bornheim (Q2) (Mi 8–18.30, Sa 8–16 Uhr | U 4 Bornheim Mitte)* rund um das Uhrtürmchen. Der *Schillerstraßenmarkt (O3) (Fr 9–18.30 Uhr | U-/S-Bahnen Hauptwache)* zieht sich von der Zeil bis zum Eschenheimer Turm. Auf der Freifläche der Konstablerwache breitet sich der *Erzeugermarkt (O3) (Do 10–20, Sa 8–17 Uhr | U-/S-Bahnen Konstablerwache)* mit Produkten aus Hessen und Bayern aus. Die jüngste Adresse ist der *Markt im Hof (O4) (Sa 10–17 Uhr | marktimhof.de | U 1–3, 8 Schweizer Platz)* in Sachsenhausen mit regionalem Angebot, Snacks und Events oft auch schon am Vorabend.

Nippes, Krimskrams & Co. – auf den Flohmärkten der Stadt reichlich zu haben

MODE

AFFENTOR

Bunte, handgemachte Umhänge-, Abend- und Laptop-Designertaschen aus Stoff. Als soziales Projekt begonnen, wurde das Label inzwischen von einer Schreibwarenfirma aus Berlin übernommen – die Taschen gibt's noch immer, dazu aber auch Notizbücher, Visitenkartenmäppchen und einiges mehr. *Mo geschl. | Fahrgasse 23 | affentor.de | U 4/5 Dom/Römer |* *Altstadt | ▥ O4*

COCO LORES

Feminine Businessmode, fair produziert direkt vor Ort – mit diesem Konzept sind die Designerinnen von Coco Lores inzwischen seit vielen Jahren erfolgreich. Und übrigens auch bei Besucherinnen von außerhalb sehr beliebt: einfach vorbeischauen und den Businesslook made in FFM mitnehmen! *Mo/Di geschl. | Koselstr. 7 | coco-lores.com | Straßenbahn 12 Friedberger Platz | Nordend-West | ▥ O2*

HAYASHI ★

Wenn man einen einzigen Standort nennen müsste, an dem Frankfurt modetechnisch über sich hinauswächst, dann wäre es das Hayashi. Inhaberin Kerstin Görling ist in der ganzen Welt unterwegs, um Kollektionen bekannter Luxusdesigner neben vielversprechenden neuen Brands aufzutun. Nischenparfums und andere besondere Kleinigkeiten ergänzen ihr Sortiment. Erstmal gucken, dann reingehen? Auf ihrem Instagram-Profil präsentiert die Hayashi-Inhaberin ihre Lieblingsteile persönlich – klar, dass man viele davon auch in der Boutique findet.  Ideal für alle, die sich erst in Ruhe virtuell umschauen möchten. *Börsenplatz 13–15 | hayashi-shop. com | U-/S-Bahnen Hauptwache | Innenstadt | ▥ N4*

OOKOKO

Handgefertigte Möbel, Kunsthandwerk und ausgewählte Mode – mit diesem Mix würde man das kleine Lädchen in Sachsenhausen wohl heute am ehesten als „Concept Store" bezeichnen. Gründerin Ookokos stammt aus Argentinien und liebt es bunt und ausdrucksstark. *Brückenstr. 33 | ookoko.de | Bus 30/36 Affentorplatz | Sachsenhausen-Nord | ▥ O4*

ORGANICC

Fair-Trade-Fashion vieler Kultlabels wie Kuyihi, Edun, Stewart+Brown, auch Schuhe und Accessoires aus Natur- bzw. recycelten Materialien sowie Biofaser-Kleidung für Kleinkinder. *Berger Str. 19 | organicc.de | U 4 Merianplatz | Nordend-Ost | ▥ O3*

OUTFLIP

Früher Secondhand, dann Vintage, heute das Gegenmittel zur Fast Fashion: Die Namen ändern sich, doch dieser kleine, charmante Laden bleibt davon unbeeindruckt. Seit 1990 werden hier gebrauchte, gut erhaltene Kleidungsstücke, Schuhe und Accessoires in Kommission genommen und verkauft – mit etwas Glück findet man hier schöne neue (alte) Lieblingsteile. *Höhenstr. 30 | outflip.de | U 4 Höhenstraße | Nordend-Ost | ᗰ P2*

PEGGY SUE ⭐

Mode und Accessoires im Stil der Fifties – vom Strickjäckchen bis zur Haarspange. Sogar die Süßigkeiten entsprechen der Rockabilly-Ära. *Mo geschl. | Wallstr. 20 | peggysuefrankfurt.de | Bus 30/36 Elisabethenstraße | Sachsenhausen-Nord | ᗰ O4*

PETIT BOUDOIR

Wer den Wäschekauf bisher nur unter greller Kaufhausbeleuchtung oder in anrüchigem Erotikambiente kannte, wird hier etwas ganz Neues erleben: In ihrem zauberhaften Salon präsentiert Inhaberin Erika Banks ausgewählte Lingerie, Brautdessous und weitere Extras zwischen Brokattapeten und üppigen Blumensträußen. Dessous-Shopping wie im Privatsalon! Am besten, du vereinbarst telefonisch einen Termin, spontan vorbeischauen und klingeln ist aber auch möglich. Leider nur an zwei Tagen pro Monat. *Jeden 1. Fr im Monat 13–20, jeden 1. Sa im Monat 11–16 Uhr | Kaiserhofstr. 6 | Tel. 069 95 90 83 11 | U 6/7 Alte Oper | Innenstadt | ᗰ N3*

INSIDER-TIPP
Private Shopping

SUSANNE BÄNFER HUTCOUTURE

So wird ein Hut draus. Oder ein Fascinator: Fantasievolle Kreationen für das weibliche Haupt – zu jedem Anlass und für jede Jahreszeit. Der Blick ins Atelier ist inklusive. *Oeder Weg 25 |*

Alles Rockabilly bei Peggy Sue

susanne-baenfer.de | U 1–3, 8 Eschenheimer Tor | Nordend-West | ᗰ N3

SOUVENIRS

Was Schönes für die Lieben daheim? Typisch für Frankfurt ist das Trio Bethmännchen, Bembel und Gerippte. Für den Gaumen bietet sich überdies der Mainkaffee an – eine spezielle Röstung fair gehandelter Biobohnen nur für Frankfurt (erhältlich u. a. im Café Wacker am Kornmarkt). Süß und fruchtig: das Frankfurt-Müsli *(bei MyMuesli im neuen Einkaufszentrum Skyline Plaza im Europavier-*

tel). Mit Alex Habermehls liebevoll fotografierten Frankfurt-Details, aufgezogen auf Holzblöcke, lassen sich in Bauklötzchenmanier ganz neue Ansichten gestalten *(frankfurter bubb.de).* Weitere Ideen für eine Erinnerung an Frankfurt findet man im *Frankfurt-Forum* zwischen Römerberg und Dom. Honig gibt's nur auf dem Land? Iwo: Auch Frankfurt hat

INSIDER-TIPP
City-Bienen

seine eigenen Bienen. Ihre Stöcke stehen zum Beispiel auf dem Dach des Museums für Moderne Kunst (MMK) (s. S. 33), wo man den süßen Stadthonig kaufen kann. Auch der Luxushotelpalast vom Jumeirah beherbergt ein eigenes Bienenvolk auf dem Hochhausdach – im 28. Stock!–, dessen Produkt Hotelgäste beim Frühstück genießen oder als Souvenir im Glas mit nach Hause nehmen können.

BEEINDRUCKT
Für überzeugte Frankfurter oder solche, die es werden wollen, bietet Daniel Hendrich „Schobbedeckelscher" und traditionelle Steingutkrüge sowie T-Shirts mit individuellen Drucken oder Stickereien. *Sandweg 105 | U 4 Merianplatz | Nordend-Ost | ⌑ P2*

CONFISERIE JAMIN
Lass dir das Frankfurter Rathaus auf der Zunge zergehen: Die Patissiers des Traditionsbetriebs haben die „Römer"-Praline kreiert – eine süße Erinnerung an „Mainhattan". *Schweizer Str. 54a | jamin-frankfurt.de | U 1–3, 8 Schweizer Platz | Sachsenhausen-Nord | ⌑ N5*

HESSEN SHOP
Das volle Sortiment rund um Grüne Soße, Bembel, Ebbelwoi & Co. Auch Wolkenkratzer-Souvenirs dürfen nicht fehlen. *Leipziger Str. 49 (drei weitere Standorte in Frankfurt) | kaufhaushessen.de | U 6/7 Leipziger Straße | Bockenheim | ⌑ L2*

HÖCHSTER PORZELLAN-MANUFAKTUR
Kostbarkeiten aus der berühmten Produktionsstätte des weißen Golds. Traditionelles wird ebenso geboten wie Modernes. *Berliner Str. 60 | hoechster-porzellan.de | U-/S-Bahnen Hauptwache | Altstadt | ⌑ N4*

KAUFHAUSHESSEN
Produkte und Waren von Herstellern aus Frankfurt und ganz Hessen. Die Palette reicht vom Thema Apfel bis hin zu Schreib-, Haushalts- und Spielwaren. *Mo geschl. | Berger Str. 288 | kaufhaushessen.de | U 4 Bornheim Mitte | Bornheim | ⌑ Q1*

MICHIS SCHOKOATELIER
Weiße Schokolade mit Kumquat oder Zartbitterschokolade mit kristallisierten Veilchen: In Michis Schokoatelier werden Spezialitäten mit ausgefallenen Zutaten verfeinert. Wenn du schon einmal in seinem Laden bist, kannst du gleich an andere denken:

INSIDER-TIPP
Schöne Schoki

Frankfurter Pralinen mit Apfelwein oder Bembel ganz aus Schokolade sind die perfekten Souvenirs für Schokoholics – zumindest bei gut gekühlter Rückreise. *Mo und bei Temperaturen über*

*26 °C geschl. | Sandweg 60 | mi
chis-schokoatelier.de | U 4 Merian-
platz | Ostend | P3*

MUSIKHAUS BORNHEIM
Wer sich den Weg bahnt durch Unmen-
gen an E- und Akustikgitarren, Verstär-
ker und Effektgeräte, Ukulele, Mandoli-
ne und Saiteninstrumente, der findet
sich in einer kleinen Wunderkammer
wieder. So wie hier sehen Musikhäuser
heute einfach nicht mehr aus – neben
neuen und gebrauchten Instrumenten
kann man hier auch viel schönen
Schnickschnack, Saiten und vieles
mehr mitnehmen. Und mit ein bisschen Glück bekommt man sogar ein
Ständchen von Alt-Besitzer Adi auf seinen selbstgebauten Zauberinstrumen-
ten. *Burgstr. 112 | U 4 Bornheim Mitte |
Straßenbahn 12 Hartmann-Ibach-Stra-
ße | Nordend-Ost | P2*

SAMEN ANDREAS
Sonst eher in den ausfransenden Rän-
dern der Großstädte irgendwo im Ge-
werbegebiet zu verorten, hat Frankfurt
mit Samen Andreas sogar ein eigenes
Gartenfachgeschäft mitten in der Innenstadt. In fünfter Generation wird
hier Saatgut jeglicher
Art geboten – dane-
ben auch Samenmi-
schungen für die An-
zucht aller sieben
Grüne-Soße-Kräuter zu Hause. *Tön-
gesgasse 27 | U-/S-Bahnen Hauptwa-
che | Altstadt | O3*

INSIDER-TIPP
**Grüne Soße
zum
Mitnehmen**

TÖPFEREI MAURER ⭐
Wer nicht genug bekommt vom Bembel wählt hier sein Exemplar aus. Etli-

Das stadteigene Weingut betreibt seine Verkaufsstätte direkt am Römer

che Größen und Varianten, mit allen
denkbaren Sinnsprüchen, auf
Wunsch auch individuell verziert.
*Wallstr. 5 | keramik-maurer.de | Bus
30/36 Affentorplatz | Sachsenhau-
sen-Nord | O5*

WEINGUT DER STADT
FRANKFURT ⭐
Hier gibt es nicht nur die Tropfen von
den Hochheimer Hängen, sondern
auch den Riesling „Lohrberger Hang"
direkt aus Frankfurts einzigem Wein-
berg innerhalb der Stadtgrenze. *Mo–
Fr 9–12.30 Uhr | Limpurger Gasse 2/
Römer | U 4/5 Römer | Altstadt |
N4*

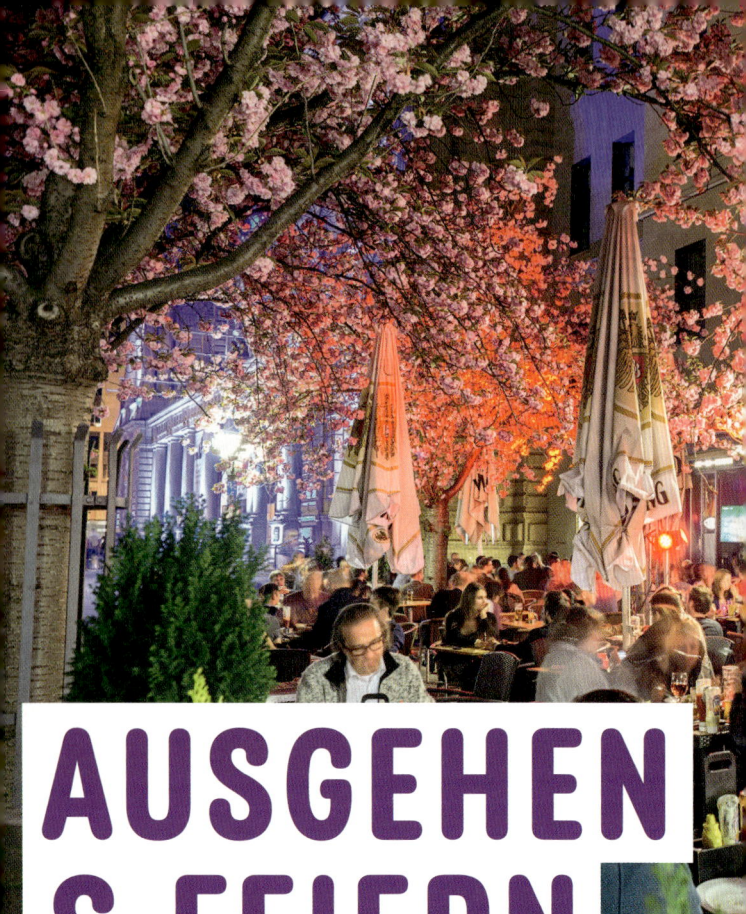

AUSGEHEN & FEIERN

Moderne Oper, kritisches Theater, Weltklasseballett, reichlich Kleinkunst und pulsierende Clubs, Kneipen und Diskotheken: Frankfurt hat in nahezu jeder Sparte etwas zu bieten.

Die ganz wilden Techno-Jahre sind inzwischen vorbei. Leider, seufzt manch einer. Frankfurts Nächte sind aber noch immer lang – man muss nur wissen wo. Es gibt eine lebendige Musik-, Party- und Kunstszene, allerdings zum Teil underground. Wörtlich ist das nur in wenigen Fällen zu nehmen, aber die Locations wechseln rasch, sind oft nur temporär, und viele werden ausschließlich per Handy, Face-

Am Börsenplatz

book oder E-Mail-Verteiler weitergegeben. In Frankfurt muss man sich daran gewöhnen, dass der Lieblingsclub aus dem einen Sommer im nächsten Jahr schon nicht mehr da ist. Frankfurter sind pragmatisch – und gehen zum Feiern auch gern mal zu den Offenbacher Nachbarn (ins Robert Johnson). Feste Größe bleiben das Konzertwesen und die Oper mit hervorragenden Künstlern und überzeugender Werkewahl; auch Museen öffnen immer öfter für Partys und After-Work-Events. Jazz und Comedy, Kabarett und Varieté, Film und Boulevard ergänzen das Ausgehangebot.

WO FRANKFURT AUSGEHT

BOCKENHEIM

Studentische Kneipen, Weinstuben & Cafés, die abends zu Kneipen werden

BAHNHOFSVIERTEL

Clubs, Kneipen & Off-Locations, manche temporär, zum Beispiel im ehemaligen Stripclub

Grüneburgpark

Ginnheimer Landstr.

Schloßstr.

Zeppelinallee

U Leipziger Straße

BOCKENHEIM

Bockenheimer Landstr.

Senckenberganlage

648 Theodor-Heuss-Allee

WESTEND SÜD

Friedrich-Ebert-Anlage

Mainzer Landstr.

★ Freitagsküche ✦

Taunusstr.

Mainzer Landstraße

Baseler Str.

Hauptbahnhof 🚈

MARCO POLO HIGHLIGHTS

★ **FREITAGSKÜCHE**
Kulinarische Basis für das informelle Treffen von Kulturschaffenden und Kunstinteressierten ➤ S. 88

★ **ROTE BAR**
Ausgezeichnete Cocktails in schummrigem Ambiente ➤ S. 90

★ **PONYHOF**
Gegenprogramm zum Ballermann-Feeling ➤ S. 91

★ **JAZZKELLER FRANKFURT**
Die Wiege großer Stars und eine der wichtigsten Frankfurter Musiklocations ➤ S. 92

★ **OPER FRANKFURT**
Kluges, auch rares Musiktheater auf höchstem Niveau ➤ S. 93

★ **FLIEGENDE VOLKSBÜHNE**
Lokalpatriotischer Spaß ➤ S. 94

★ **TIGERPALAST**
Varietétheater mit internationalen Künstlern ➤ S. 95

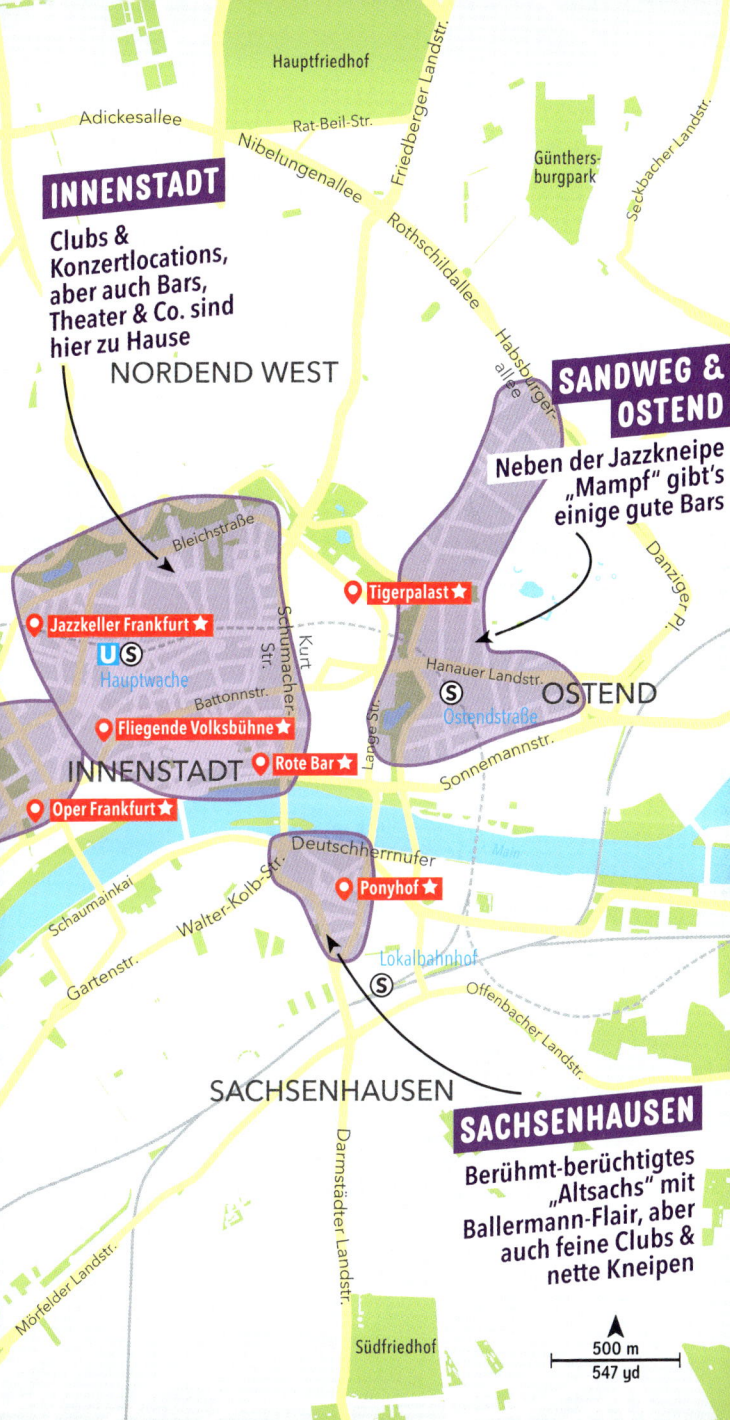

INNENSTADT

Clubs & Konzertlocations, aber auch Bars, Theater & Co. sind hier zu Hause

NORDEND WEST

SANDWEG & OSTEND

Neben der Jazzkneipe „Mampf" gibt's einige gute Bars

Hauptfriedhof

Adickesallee

Rat-Beil-Str.

Nibelungenallee

Friedberger Landstr.

Günthers-burgpark

Seckbacher Landstr.

Rothschildallee

Habsburger allee

Danziger Pl.

Bleichstraße

Jazzkeller Frankfurt ★

U S Hauptwache

Schumacher Str.

Kurt Str.

Tigerpalast ★

Hanauer Landstr.

S Ostendstraße

OSTEND

Battonnstr.

Fliegende Volksbühne ★

Lange Str.

INNENSTADT

Rote Bar ★

Sonnemannstr.

Oper Frankfurt ★

Deutschherrnufer

Main

Schaumainkai

Walter-Kolb-Str.

Ponyhof ★

Gartenstr.

Lokalbahnhof

S

Offenbacher Landstr.

SACHSENHAUSEN

Berühmt-berüchtigtes „Altsachs" mit Ballermann-Flair, aber auch feine Clubs & nette Kneipen

SACHSENHAUSEN

Darmstädter Landstr.

Mörfelder Landstr.

Südfriedhof

500 m
547 yd

BARS

BAR OHNE NAMEN
Du magst es gern eng, laut und gesellig? Dann dürfte diese Bar im ehemaligen Kiosk ganz deine Kragenweite sein. Am Wochenende wird Funk und R'n'B aufgelegt. *Mo–Do 11.30–2, Fr/ Sa 11.30–4, So 17.30–1 Uhr | Eschenheimer Tor 3 | U 1–3, 8 Eschenheimer Tor | ⊞ N3*

BOCKENHEIMER WEINKONTOR
In Frankfurts hübschester Weinstube kann man Wein auch flaschenweise ordern. Die Karte umfasst Positionen aus Deutschland und Europa, jede Kelterei ist handverlesen und den Betreibern persönlich bekannt. Im Winter sitzt man am knisternden Kamin, im Sommer im lauschigen Innenhof. Achtung: Nur Barzahlung! *Tgl. ab 17.30 Uhr | Schloßstr. 92 | bockenheimer-weinkontor.de | S-Bahnen Frankfurt-West | U 4–7 Bockenheimer Warte | ⊞ K3*

FREITAGSKÜCHE ★
Kochen, Kunst, Kommunikation: Die Freitagsküche gehört zur Kulturszene der Stadt. Wechselnde Teams am Herd, Sommergarten und Jam-Sessions der *Jazz-Initiative Frankfurt. Mo– Do 12–15, Fr 12–14 und ab 19 Uhr | Mainzer Landstr. 105 | Hinterhaus | freitagskueche.de | Straßenbahn 11/ 16/17/21 Platz der Republik | ⊞ L4*

JIMMYS
Hut ab! Mit Kopfbedeckung kommt man hier nicht herein, ebenso wenig mit Fußball-Fanschal. Ansonsten sind die Doormen (und -women) hier aber meist ganz umgänglich. Mit dem richtigen Dresscode ist übrigens jeder Gast gleich – first come, first serve. Wer die klassische Barkultur zu schätzen weiß, der wird in dieser Hotelbar mit seinen etwas höherpreisigen Drinks glücklich. Hier sollen auch schon Rocker wie Mick Jagger vorbeigeschaut haben. *Tgl. 20–4 Uhr | Friedrich-Ebert-Anlage 40 | Hessischer Hof | U 4 Festhalle/Messe | Bus 32 Schumannstraße | ⊞ L4*

LONG ISLAND SUMMER LOUNGE
Urlaubsfeeling über den Dächern der City: mit Sand, Pool, Strandmöbeln und maritimer Bar. *Ab April/Mai bei gutem Wetter Mo–Fr 16–1, Sa/So 14–1 Uhr | Parkhaus Börse, Parkdeck 7 (6. Etage), Zugang Meisengasse oder Kaiserhofstr. | longislandsummerloun*

WOHIN ZUERST?

Ein Inviertel in Sachen Nightlife gibt's nicht; gefeiert wird dezentral. Ein Hotspot ist der Osten um **Sonnemann-** und **Hanauer Landstraße** *(⊞ P–R 3-4) (U 6/ S-Bahn Ostbahnhof)*; ein zweiter, vor allem fürs jüngere Publikum, die **Innenstadt** nördlich und südlich der **Zeil** *(⊞ N–O 3-4) (U-/ S-Bahnen Haupt- oder Konstablerwache)*. Im **Bahnhofsviertel** tut sich viel in Sachen Barkultur an der Münchener und Ludwigstraße *(⊞ M–N4) (U-/S-Bahnen Hauptbahnhof)*.

Im Sommer kaum zu toppen: der Sundowner in der Long Island Summer Lounge

ge.de | *U-/S-Bahnen Hauptwache* | 🗺 *N3*

LOGENHAUS BAR

Salonambiente, Cocktails und mehr als 80 Ginsorten. Im Sommer lockt ein kleiner, versteckter Garten, in dem dann auch Quiche oder Bruschetta serviert werden. *So–Di geschl. | Finkenhofstr. 17 | logenhaus-bar.com | U 1–3, 8 Grüneburgweg | Bus 36 Bornwiesenweg |* 🗺 *N2*

LUNA-BAR

Klassische Bar mit guter Musik, die fast immer voll ist. In dem schmalen Raum mit der langen Sitztheke werden hervorragende Cocktails gemixt. *So geschl. | Stiftstr. 6 | luna-bar.de | U-/S-Bahnen Hauptwache |* 🗺 *N3*

MOLOKO

Tagsüber ist das Midcentury-Juwel ein Café, abends Bar mit Möbelstücken aus den 50er- bis 70er-Jahren und schummrig-roter Beleuchtung. Im Sommer sitzt man draußen mit Blick in Richtung Main. *Tgl. | Kurt-Schumacher-Str. 1 | moloko-am-meer.de | U 4/5 Römer | Bus 30/36 Schöne Aussicht |* 🗺 *O4*

OLD FASHIONED BAR

Die Location hält, was der Name verspricht: Stilvolles 30er-Jahre-Ambiente mitten in Alt-Sachsenhausen, gepflegte Drinks und Vinylcocktails, die in die Beine gehen: Swing, Bebop-Jazz und Electroswing – sogar unter der Woche. *Mo–Do 21–2, Fr/Sa 21–4 Uhr | Klappergasse 35 | oldfashioned-bar.de | Bus 30/36 Elisabethenstraße |* 🗺 *O4*

PARIS' BAR

Auch als nur temporärer Frankfurter darfst du dich wie zu Hause fühlen: Seit vielen Jahren versorgt Paris Kosmidis seine Gäste von nah und fern mit Weinen und Kleinigkeiten in familiärer Atmosphäre. Am Wochenende gibt es sehr gutes Frühstück, bei schönem Wetter im Vorgärtchen. Hier kann man schnell ins Gespräch kommen – oder jeden letzten Montag im Monat einer Lesung lauschen. *Mo–Sa 9–24, So 11–18 Uhr | Oppenheimer Landstr. 27 | parisbar-frankfurt.de | U 1–3, 8 Schweizer Platz | ⟐ N5*

PLANK

Der Name der Bar erinnert an den verstorbenen Musikproduzenten Conny Plank, der Acts von Kraftwerk über David Bowie bis Annie Lennox betreute. Sein Schlagzeug schimmert immer noch vor den dunklen Wänden. Davor werden vornehmlich hochwertige

Popkulturelle Nostalgie und gute Weine: im Plank

Weine und Schnäpse sowie ausgewählte Biere ausgeschenkt. *Mo–Do 11–1, Fr/Sa 11–2 Uhr | Elbestr. 15 | bar plank.de | U-/S-Bahnen Hauptbahnhof | ⟐ M4*

ROTE BAR ★

Wenige Adressen in Frankfurt pflegen die Barkultur so formvollendet wie diese: Selbstverständlich wird geklingelt, stimmen sollte auch die Garderobe – keine Chance mit kurzen Hosen. Aber auch im richtigen Dress ist nicht garantiert, dass man einen Platz bekommt – auf kleiner Fläche quetschen sich viele Trinkwillige. Und das aus gutem Grund: Die Cocktails und Longdrinks des Hauses zählen zu den besten und dabei nicht einmal teuersten in Frankfurt. *Tgl. ab 21 Uhr | Mainkai 7 | rotebar.com | Bus 30/36 Schöne Aussicht | ⟐ O4*

KNEIPEN

Schicke Bars sind ganz nett, aber manchmal muss es etwas handfester sein. **INSIDER-TIPP Ab in die Ecke** Ein Besuch in Frankfurts Eckkneipen und Kaschemmen ist die beste Wahl, wenn man einfach nur gepflegt versacken möchte. Im Grunde kann man einfach in der Umgebung schauen, was gerade geöffnet ist – auch Alteingesessene sind nett zu Besuchern, sofern sie auch nett sind. Ein Klassiker: *Doctor Flotte (Gräfstr. 87)* in Bockenheim. Rock der alten Schule gibt's in der *Zappbar (Glauburgstr. 1 | zappbar.de)*, die *Normalkneipe (Frankenallee 113 | normalkneipe.de)* serviert günstiges Bier vom Faß, und im geräumigen *Ha.!-Ka.? (Habsburgerallee 21 | ha-ka.de)* kann man Fußball schauen, Dart spielen und Snacks aus der Kneipenküche ordern. Zwischen Bar und Kneipe: Das *Nord (Sandweg 64)*.

CLUBS

CAVE

Der Name verrät es schon: Kellergewölbe, tief unten, schwarz und raucherfreundlich. Beschallung von Rock bis Indie, Wave und NuMetal. Getränke eher bodenständig. *Di, Do–Sa 22–4 Uhr | Brönnerstr. 11 | the-cave. de | S-/U-Bahnen Konstablerwache | ▯ O3*

GIBSON

Wo einst Kinofilme flimmerten, wummern nun Bässe. Zwei Etagen für Beats, Cocktails und Dancefloor. *Do 20–4, Fr/Sa 23–5 Uhr | Zeil 85–93 | gibson-club.de | U-/S-Bahnen Konstablerwache | ▯ O3*

PONYHOF ⭐ 🕿

Zum Glück ist das Leben doch manchmal einer. Zumindest an den Abenden, an denen man genervt durch Alt-Sachsenhausen stiefelt und etwas Besseres sucht als Ballermann- und Junggesellenabschiedskneipen. Dann empfängt der kleine Club mit schwitziger Luft und freundlicher Musik, Partys, DJ-Sets und manchmal auch Konzerten. Auch nett: die Getränke sind hier geradezu Frankfurt-untypisch günstig. *Klappergasse 16 | ponyhof-club.de | Straßenbahn 18 Frankensteiner Platz | ▯ O4*

SILBERGOLD

Ein Track von Jeans Team lieh diesem kleinen, alternativ angehauchten Club seinen Namen. Entsprechend irgendwo zwischen Independent und Elektronika ließe sich die Setlist auf den Partys verorten, doch auch R'n'B alter Schule, Soul & Funk werden gespielt. Kleine Tanzfläche, oft voll. Studenten zahlen 🕿 Fr und Sa 50 % weniger Eintritt. *Do–Sa | Heiligkreuzgasse 22 | silbergold-club.de | U-/S-Bahnen Konstablerwache | ▯ O3*

TANZHAUS WEST

Nachdem so Vieles längst Geschichte ist, bleibt das Tanzhaus West die erste Adresse für Techno in Frankfurt. Resident- und Gast-DJs. Öffnet freitags um 23 Uhr seine Pforten und geht dann mit kleiner Pause nahezu durchgängig bis tief in den Sonntagabend hinein. *Gutleutstr. 294 | tanzhaus-west. de | S-/Straßenbahnen Galluswarte | ▯ L5*

VELVET CLUB

Soul, Black, House, Dance Classics – und donnerstags zur WeLoveFrankfurt-Night Gratis-Fingerfood sowie Welcomedrink. *Mi–Sa je nach Event ab 19/20/21 Uhr | Weißfrauenstr. 12–16 | velvet-ffm.de | U 1–5, 8 Willy-Brandt-Platz | ▯ N4*

YACHTCLUB

Frankfurts schönster Sommerclub hat seit 2020 wieder geöffnet: Auf dem Main empfängt der Yachtklub zu Partys und Konzerten von 60ies-Soul über Punk und Indierock bis hin zu härteren elektronischen Klängen. Termine siehe Website. *Sachsenhäuser Ufer | yachtklub.de | Bus 30/36 Elisabethenstraße | ⌑ O4*

ZOOM

Auf dieses Booking blicken andere neidisch: Hierher kommen auch Bands, die sonst nur in Berlin oder anderen Metropolen spielen – auch wenn die Akustik, den Säulen im Raum sei Dank, besser sein könnte. Außerhalb des Konzertkalenders wird die Location von DJs mit Hip-Hop, Electronic und Independent bespielt. *Öffnungszeiten nach Veranstaltung | Brönnerstr. 5–9 | zoom frankfurt.com | U-/S-Bahnen Konstablerwache | ⌑ O3*

LIVEMUSIK

BATSCHKAPP

Lenny Kravitz und Robbie Williams gastierten schon früh in der „Kapp"; inzwischen ist die Rockinstitution umgezogen und geht weiter mit der Zeit – ohne die „Gegenkultur"-Idee zu verleugnen. *Öffnungszeiten nach Veranstaltung | Gwinnerstr. 5 | batschkapp.tickets.de | U 7 Gwinnerstraße | ⌑ S1*

DAS BETT

Ein charmanter Konzertclub für Freunde von Punk, Indie-Pop, lokalen Bands oder Singer-Songwriter-Musik. Etwas abseits, aber die Straßenbahn bringt dich ruck, zuck hin. *Öffnungszeiten nach Veranstaltung | Schmidtstr. 12 | bett-club.de | Straßenbahn 11/21 Mönchhofstraße | Bus 34 Schmidtstraße | ⌑ H5*

BROTFABRIK

Das Programm der Brotfabrik sollten Musikfreunde im Blick haben: Neben Salsa-Nights finden hier auch immer wieder Konzerte mit international bekannten Indie-Bands und Singer-Songwritern statt, die andernorts vor ausverkauften Hallen spielen. *Öffnungszeiten nach Veranstaltung | Bachmannstr. 2–4 | brotfabrik.info | U 6 Fischstein | U 7 Große Nelkenstraße | ⌑ J1*

JAZZKELLER FRANKFURT ★

Auch Frank Sinatra und Dean Martin saßen schon im „Domicile du Jazz". Duke Ellington spielte hier, Louis Armstrong oder Dizzy Gillespie. Noch immer gibt es Sessionabende, Sitzplätze allerdings nur, wenn man wirklich früh kommt. *Di–Do ab 21, Fr/Sa ab 22, So ab 20 Uhr | Kleine Bockenheimer Str. 18a | jazzkeller.com | U 6/7 Alte Oper | ⌑ N3*

MAMPF

Seit gut dreißig Jahren gibt es zu Frikadelle, Chili und „haaßer Worscht" in dem Minilokal Konzerte; neben Jazz auch mal Blues, Swing, Latin oder Flamenco. *So–Do 18–1, Fr/Sa 18–2, Konzerte 20.30–23 Uhr | Sandweg 64 | Tel. 069 44 86 74 | mampf-jazz.de | U 4 Merianplatz | ⌑ P3*

NACHTLEBEN

Jeden Wochentag ein anderer Sound: Das Nachtleben ist Bistro und Bar, Disko und Konzertstätte in einem, und das in zentraler Lage mitten in der Innenstadt. Etliche Bands, die hier klein angefangen haben, sind inzwischen bekannte Größen. *Mo–Mi 10.30–2, Do–Sa 10.30–4, So 19–2 Uhr | Kurt-Schumacher-Str. 45 | batschkapp. tickets.de | U-/S-Bahnen Konstablerwache | ◫ O3*

OPER, BALLETT & KONZERTE

ALTE OPER

Trotz des Namens ein reines Konzerthaus. Das Programm reicht von Klavierabenden über sinfonische Darbietungen bis zu Rock und Pop. Auch Filmvertonungen werden hier – natürlich live – zum Besten gegeben. *Opernplatz 1 | Ticket-Tel. 069 1 34 04 00 | alteoper.de | U 6/7 Alte Oper | ◫ N3*

DRESDEN FRANKFURT DANCE COMPANY

Jacopo Godani, einst Tänzer unter William Forsythe, gründete nach dessen Abschied eine neue Truppe aus 14 international renommierten, jungen Tänzern, die am Main und an der Elbe residiert. *Bockenheimer Depot | Carlo-Schmid-Platz 1 | Ticket-Tel. 069 21 24 94 94 | dresdenfrankfurtdance company.com | U 4/6/7 Bockenheimer Warte | ◫ L3*

OPER FRANKFURT ★

Wer altmodische Vorstellungen von verstaubten Opernarien mit sich umherträgt, kann sich in der Oper Frankfurt eines Besseren belehren lassen. Zum Beispiel bei der „Oper to go" – einstündigen After-Work-Angeboten mit Solisten und einem Drink sowie 30-minütigen Lunchkonzerten für jeweils 15 Euro. *Untermainanlage 11 | Tel. 069 21 24 94 94 | oper-frankfurt.de | U 1–5, 8 Willy-Brandt-Platz | ◫ N4*

INSIDER-TIPP
Solo zum Drink

Die Alte Oper: Konzerthaus mit hervorragender Akustik in spätklassizistischem Gewand

THEATER

FLIEGENDE VOLKSBÜHNE ⭐

One-Man-Oper, Klassiker im Dialekt und andere Schmankerln unterhaltsam-anspruchsvoller Bühnenkunst. Gespielt wird an verschiedenen Stätten, u. a. im Gesellschaftshaus des Palmengartens und in der Stalburg. *Tel. 069 24 14 24 35 | fliegendevolks buehne.de |* ▯ *N4*

KÜNSTLERHAUS MOUSONTURM

„The future will be confusing": Getreu diesem Motto in Form eines Neon-Schriftzugs ist der Mousonturm Gastbühne für zeitgenössische, gern experimentelle Produktionen aus den Bereichen Tanz, Theater und Film. Konzerte gibt's auch. Der Mousonturm gilt nicht nur als erstes Hochhaus Frankfurts, er ist auch Gastgeber für die *Nip-*

INSIDER-TIPP Hello Japan!

pon Connection, das größte japanische Filmfestival außerhalb Japans, das hier jedes Jahr im Mai/ Juni stattfindet. Neben Filmaufführungen gibt's Sushi, Gyoza & Co. Tickets und Programm unter *nipponconnecti on.com. Waldschmidtstr. 4 | Tel. 069 4 05 89 50 | mousonturm.de | U 4 Merianplatz |* ▯ *P3*

SCHAUSPIEL

Vom Hamlet bis zum gerade erst geschriebenen Stück reicht das Repertoire, das man im größten Theaterhaus der Stadt auf die Bühne bringt. Mal experimenteller, mal klassischer, immer mit zeitgenössischem Anspruch. *Neue Mainzer Str. 17/Willy-*

Brandt-Platz | Tel. 069 21 24 94 94 | schauspielfrankfurt.de | U 1–5, 8 Willy-Brandt-Platz | ▯ *N4*

SOMMERWERFT

„Auf Konsum ist das Leben nicht ausgerichtet" lautet ein Motto der Sommerwerft, die zwischen Mitte Juli und Anfang August statt-

findet. Bei 🔧 freiem

INSIDER-TIPP Freiluftfieber

Eintritt gibt es täglich Livemusik und Performances, und das direkt am Wasser. *Östliches Mainufer, Höhe Weseler Werft | sommerwerft.de |* ▯ *P4*

THEATER ALTE BRÜCKE

Der Schauspieler und Regisseur Alexander Beck eröffnete das kleine Theater, das

INSIDER-TIPP Theaterchen

nur 50 Plätze zählt – familiärer kann der Theaterabend kaum sein. Diverse Gastkünstler bringen ein breites Spektrum auf die Bühne – von Klassikern über Komödie bis zur Grammofonlesung. *Kleine Brückenstr. 5 | Tel. 069 85 80 06 78 | thea ter-alte-bruecke.de | Bus 30/36 Elisabethenstraße |* ▯ *O4*

THEATER WILLY PRAML

Don Carlos, die Weihnachtsgeschichte, Schwarze Jungfrauen: Willy Praml bürstet in seinem Theater die Texte gegen den Strich und arbeitet im Industriegemäuer der *Naxoshalle* sowohl mit Schauspielprofis als auch mit Laiendarstellern. *Wittelsbacher Allee 29 | Tel. 069 43 05 47 34 | thea ter-willypraml.de | U 4 Merianplatz | U 6/7 Zoo | Straßenbahn 14 Habsburger-/Wittelsbacher Allee |* ▯ *P3*

VOLKSTHEATER HESSEN

Bitte nicht verunsichern lassen, wenn du erst einmal Bahnhof verstehst, denn: „Hier sin' se richtig!", versichern die Theatermacher. Auf dieser Bühne wird noch auf gut Hessisch gebabbelt: Das Volkstheater Hessen führt Stoltze-Stücke und andere Schmankerl regionaler Färbung in bester Mundart auf, an wechselnden Orten und ohne öffentliche Förderung. Die Zukunft des außergewöhnlichen Ensembles ist daher aktuell leider ungewiss. *Kartentel. 069 21 99 56 15 | volkstheater. eu*

INSIDER-TIPP
Amüsanter Sprachkurs

VARIETÉ, KABARETT & CO.

DIE KÄS

Hausherr Sinasi Dikmen bietet in seinem „Kabarett Änderungsschneiderei" neben dem eigenen Programm auch renommierten Gastakteuren eine Plattform. *Naxoshalle | Waldschmidtstr. 19 | Tel. 069 55 07 36 | die-Kaes.com | U 4 Merianplatz | ☐ P3*

MAL SEH'N

Filmkultur mit außergewöhnlichen Werken und Reihen. Kleine, urige, cineastisch dekorierte Kneipe. *Adlerflychtstr. 6 | Tel. 069 5 97 08 45 | mal sehnkino.de | U 5 Musterschule | Bus 36 Adlerflychtplatz | ☐ O2*

STALBURG-THEATER

Bühnenkunst passend zum ausgeschenkten Apfelwein – spritzig, witzig, mal als Chansonabend, mal als TV-Se-

Die hohe Kunst des Varietés – perfekt dargeboten im Tigerpalast

rien-Persiflage. ☞ Im Sommer wird für das „Stoffel"-Programm die Bühne in den Günthersburgpark verlegt. *Glauburgstr. 80 | Tel. 069 25 62 77 44 | stalburg.de | U 5 Glauburgstraße | ☐ O2*

TIGERPALAST ★

Johnny Klinke, einst Weggefährte von Joschka Fischer, hat sich seinen Traum erfüllt und Frankfurt wieder ein echtes Varietétheater beschert. Akrobaten und Künstler aus aller Welt bezaubern nun alle, die das nötige Kleingeld besitzen. *Heiligkreuzgasse 16–20 | Tel. 069 9 20 02 20 | tigerpalast.com | U-/S-Bahnen Konstablerwache | ☐ O3*

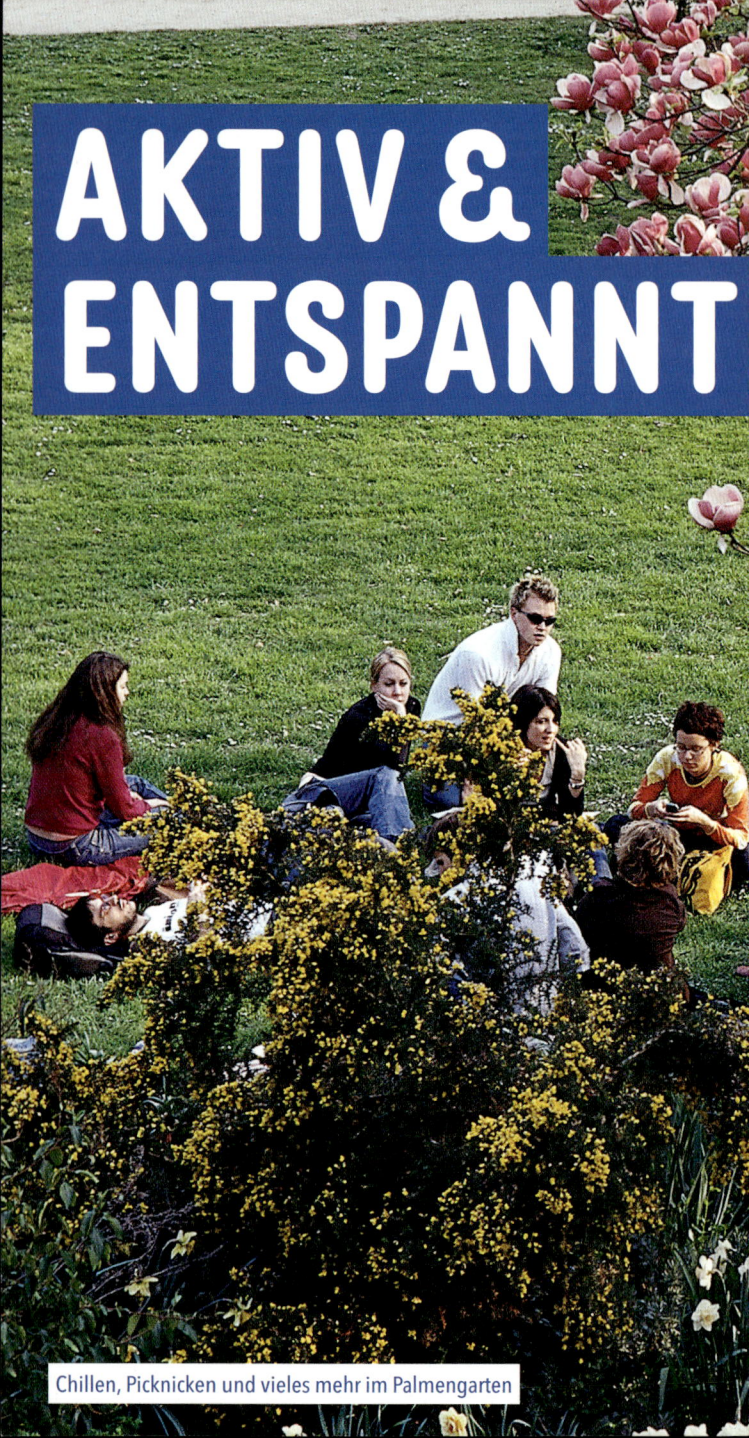

AKTIV &
ENTSPANNT

Chillen, Picknicken und vieles mehr im Palmengarten

SPORT, SPASS & WELLNESS

FFM IM DAUERLAUF

Lust auf eine Joggingrunde? Kein Problem! In Frankfurt findet sich eigentlich immer Gelegenheit für einen kleinen Dauerlauf – ganz praktisch: entlang des Mainufers (beidseitig), besonders idyllisch: in den Grünanlagen und Parks. Frankfurts schönste Joggingstrecke verläuft am Südufer des Mains zwischen Friedensbrücke und Gerbermühle *(ca. 3 km)*. Der Untergrund ist zwar weitgehend asphaltiert – dafür gibt's aber einen tollen Ausblick auf den Fluss und die Skyline der Stadt. Alternative: die etwa gleich lange Runde (mit leichter Steigung) im Günthersburgpark auf feinem Kies. Wer Sehenswürdigkeiten ganz gezielt mit sportlicher Ertüchtigung verbinden möchte, der ist bei Tim Gondorfs *Sightjogging (Einzelpers. 60 Euro, Gruppen ab 3 Pers. 20 Euro/Pers. | Tel. 0170 9 64 33 69 | sightjogging-ffm. de)* goldrichtig. In flottem Lauf zeigt er auf vier Strecken *(7–10 km)* Frankfurts Highlights.

RADELN MIT KUNST & TIER

Du bringst ein bisschen mehr Zeit mit und möchtest die Hochhäuser einmal aus der Ferne betrachten? Dann empfiehlt sich eine Radtour durch den Frankfurter Grüngürtel: Auf insgesamt rund 65 km lassen sich Laubwälder, Obstwiesen, Flussläufe und Destinationen wie der Alte Flugplatz in Bonames oder die Schwanheimer Düne entdecken. Am besten besorgt man sich dazu eine *GrünGürtel-Karte* in der *Touristeninfo (Römerberg 27 | Online-Angebot unter grüngürtel.de)*. Nebenbei beherbergt der stattliche Freiraum rings um die Stadt eine Reihe von skurrilen Kunstwerken, geschaffen von Mitgliedern der Neuen Frankfurter Schule – vom obligatorischen Grüngürteltier über den Struwwelpeterbaum bis zum Denkmal fürs

Joggingstrecken gibt es in Frankfurt zuhauf

eigene Ego (und das aller anderen, die vorbeikommen) (s. S. 21).

Lieber in der Gruppe radeln? Die Frankfurter Sektion des *ADFC (Spende erbeten | Tel. 069 94410196 | adfc-frankfurt.de)* lädt regelmäßig zu leichten Feierabend- und Event-Touren in und um Frankfurt.

LET'S PLAY!

Codes knacken, Geheimtüren öffnen, aus Horrorhotels und Lagerräumen fliehen: Das Escape-Room-Fieber hat auch Frankfurt fest im Griff. Kleine Gruppen kommen zum Beispiel bei *Roomescape Frankfurt (roomesca pe-frankfurt.de), Secret Escape (secret escapegame.com), Team Escape (team escape.com)* oder *The Great Escape (escapefrankfurt.de)* auf ihre Kosten. Die meisten Anbieter halten verschiedene Szenarien und Schwierigkeitsstufen zur Auswahl bereit. Rechtzeitige Anmeldung ist fast überall erforderlich.

Lust auf einen Escape Room der etwas anderen Art? Dann lohnt sich ein Besuch bei *Tumult (tumult-frankfurt.de)*: Hier sind alle Räume vom Künstlerteam selbstgemacht – oft ein bisschen schräg, mit viel Liebe zum kuriosen Detail. Extrem knifflige Rätsel, ein wahnsinniger Zauberwald oder der Wettlauf mit zwei komplett spiegelsymmetrischen Räumen (perfekt für zwei kleine Teams): Wer sich nicht entscheiden kann, sollte sich vor der Buchung persönlich beraten lassen.

Kleine Forscher und Tüftler wiederum kommen im 👥 *Experiminta (Erw. 9, Kinder ab 4 J. 6 Euro | experiminta.de)* voll auf ihre Kosten: Hier gibt's Spiegel, mit denen man schweben kann, Tornados, die durch eigene Muskelkraft entstehen, und viele weitere wundersame Dinge zu entdecken und erproben. Phänomene und Grundlagen der Mathematik, Informatik, Naturwissenschaften und Technik werden hier kindgerecht aufbereitet. Das macht auch Erwachsenen Spaß – und dazulernen kann man hier in jedem Alter. Ein Erlebnis der ganz anderen Art verspricht ein Besuch im *Dialog Museum (dialogmuseum.de):* Unter dem Motto „Hier gibt es nichts zu sehen" siehst du hier, wortwörtlich, nichts. Blinde und sehbehinderte Menschen begleiten die Besucher auf kleinen Abenteuern in absoluter Dunkelheit, die alle (anderen) Sinne schärfen.

AUSZEITEN

Zwei Stunden Zeit zwischen Sightseeing und Dinner? Das reicht gut für einen kleinen Trip in den „Orient": Eines der acht Packages *(ab 35 Euro)* auf der orientalisch-asiatisch ausgestatteten *Tagesschönheitsfarm (🕮 O3) (tgl. 10–21, im Sommer ab 12 Uhr, Mo–Mi Damen, Do–So gemischt | Zeil 51 | Tel.*

069 29 92 46 69 | *hamam-frankfurt. de | U-/S-Bahnen Konstablerwache)* trägt diese Bezeichnung. Gut gehen lassen, ohne die Innenstadt zu verlassen, kann man's sich auch in einem der zahlreichen Hotel-Spas. Oder im *Meridian (Tageskarte ab 22 Euro | me ridianspa.de)* mit Badetempel, Saunen und Außenpool, das im *Skyline Plaza* (s. S. 76) residiert. Eine echte Empfehlung sind die zahlreichen, privaten Studios in der Stadt, die oft zu einem mehr als fairen Preis erstklassige Entspannung nach der hohen Kunst der thailändischen Akupressur- und Yogamassage bieten. Wer viel Wert auf das passende Ambiente legt, findet im Thaimassage-Spa *Healthland (Massage ab 44 Euro/60 Min. | healthland.de)* oder im *Shiso Day Spa (Massage ab 45 Euro/60 Min | shi so-dayspa.de)* die passende Wohlfühl-Oase.

Ob im Stehen oder Sitzen – Paddeln kann man auf dem Main an vielen Stellen

SPORT-SCHAU

Adlern und Löwen gehört seit eh und je das Herz der Frankfurter. Die Fußballduelle der *Eintracht (eintracht.de)*, die den Adler im Mannschaftswappen trägt, werden in der *Commerzbank Arena (ᵐ 0) (Mörfelder Landstr. 362 | S 7–9 F-Stadion)* ausgetragen. Tickets für die Spiele des Bundesligisten gibt's online oder z. B. beim *Eintracht Shop (ᵐ N4) (Bethmannstr. 19 | eintrachtshop.de | U 1–5, 8 Willy-Brandt-Platz)*.

Das Stadion am *Brentanobad (ᵐ H2) (Rödelheimer Parkweg | bbf-frankfurt. de | U 6 Fischstein)* ist die sportliche Heimat des *1. FFC Frankfurt (ffc-frankfurt.de)* und Austragungsort der Bundesliga-Spiele des *Frauenfußballvereins (Tickets online)*.

Die *Löwen (loewen-frankfurt.de)* sind der Eishockeyclub der Stadt. Trainiert wird in der *Eissporthalle Frankfurt (ᵐ R2) (Am Bornheimer Hang 4 | U 7 Eissporthalle/Festplatz)*. Tickets über die Hotline *0180 6 05 04 00 (*)*.

Frankfurts Basketballer heißen *Fraport-Skyliners (fraport-skyliners.de)*. Seine Heimspiele (Tickets online und wie für die Löwen) trägt der Basketball-Bundesligist in der *Fraport Arena (ᵐ A5) (Silostr. 46 | ab Bf. Höchst Bus 54 Silobad/Ballsporthalle)* in Höchst aus.

SCHWIMMEN

Wer im kühlen Nass lieber Bahnen zieht als im Pool zu entspannen, der findet in Frankfurt gut ein Dutzend öffentliche Hallen- und Freibäder. Die citynahen Adressen sind leider eher klein – aber zum sportlichen Schwimmen eignen sich das *Panoramabad* in Bornheim oder das *Textorbad* in Sachsenhausen allemal. Großzügiger: das *Rebstockbad* in Bockenheim und die *Titus-Thermen* im Nordwestzentrum. In den Sommermonaten lockt das *Brentanobad* in Rödelheim, qua Wasserfläche das größte Beckenbad in ganz Deutschland *(alle Adressen und Öffnungszeiten unter frankfurter-baeder.de)*.

OPEN AIR

Selbst, wenn du keine Mitgliedskarte in einem der zahlreichen Frankfurter Sportvereine vorweisen kannst, musst du auf Gruppensport nicht verzichten: In den warmen, trockenen Monaten kann man sich zum Beispiel den Bootcamp-Trainern im Günthersburgpark anschließen *(So 10–11 Uhr | gratis | deutschlands-trainiert-draußen.de)*.

Du übst lieber Herabschauenden Hund und Sonnengruß? Dann schau zum Beispiel bei *Nadine Gerhardt (gratis | Termine auf Facebook: nadinegerhardtcoaching)* vorbei, die Pop-up-Yoga an unter anderem im Holzhausenpark anbietet.

INSIDER-TIPP
Für Yogis

STAND-UP-PADDLING

Wassersport ist oft Vereinsmitgliedern vorbehalten. Doch es gibt auch Anbieter, die einmalige Sportevents anbieten: *Main-SUP (2 Std. Stand-up-Paddling-Kurs 49 Euro | main-sup.de)* zum Beispiel bietet die volle Auswahl an Stand-up-Paddling vom zweistündigen Einführungskurs bis zum Stand-up-Yoga.

FESTE & EVENTS

MÄRZ/APRIL
Internationale Musikmesse: Nicht nur Instrumente und Noten, sondern Workshops und Konzerte. *musik.mes sefrankfurt.com*
Luminale: Lichtkulturfestival mit Installationen, Performances, Partys, alle zwei Jahre. *luminale-frankfurt.de*

MAI
Rund um den Finanzplatz Frankfurt-Eschborn: Radrennklassiker am 1. Mai mit Beteiligung der Weltelite und einem Jedermann-Parcours. *eschborn-frankfurt.de*
Nacht der Museen: Big Party zwischen Dinos und Alten Meistern. *nacht-der-museen.de*
Wäldchestag: Traditionsreiche Kirmes ab Pfingstsamstag im Stadtwald. *Straßenbahn 21, Bus 51/61 Oberforsthaus*
Grüne Soße Festival: Wer macht die Beste? 49 hessische Gastronomen

stellen sich an sieben Tagen dem Urteil der Gäste. *gruene-sosse-festival.de*

JUNI/JULI
Opernplatzfest: Zehn Tage dauerndes kulinarisch bestimmtes Sehen-und-Gesehen-Werden mit Livemusik. *opernplatzfest.com*
Rosen- und Lichterfest: Sommernächtlicher Teelichter- und Feuerwerkszauber zwischen exotischen Pflanzen. *palmengarten.de*
Parade der Kulturen: Ausländische Vereine präsentieren ihre Rhythmen und Trachten auf einem Straßenumzug, einem Markt sowie auf mehreren Bühnen. *parade-der-kulturen.de*
Stoffel: Ab Mitte Juli einen Monat lang abendliche Freiluftkonzerte im Günthersburgpark, veranstaltet vom Stalburg-Theater. 👣 Kinderprogramm am Nachmittag. *stalburg.de*
Höchster Schlossfest: Frankfurts größtes Stadtteilfest steht seit 1957

Auf der Frankfurter Buchmesse

jedes Jahr unter einem anderen Motto. Fast vier Wochen lang Musik und Kleinkunst. *vereinsring-hoechst.de*

AUGUST

Museumsuferfest: Musik, Theater, Straßenspektakel – alles, was Rang und Namen hat in der Kulturlandschaft, macht mit bei den drei turbulenten Tagen, die jeweils um Goethes Wiegenfest liegen. *museumsuferfest. de*

SEPTEMBER

Berger Markt/Stadtschreiberfest: Uriges Zusammentreffen von Volksbelustigung und Literaturpreisvergabe anlässlich der Verabschiedung des alten und der Begrüßung des neuen Stadtteildichters. *berger-markt.de*

Dippemess: Im Herbst verströmt das auch im Frühjahr stattfindende Spektakel mit zahlreichen Fahrgeschäften, bunten Buden und Krammarkt eine gemütlichere Atmosphäre. *dippe mess.de*

OKTOBER

Buchmesse: Für Bücherfans ein Muss. Und drumherum in ganz Frankfurt unzählige mehr oder minder literarische Events. *buchmesse.de*

Deutsches Jazzfestival Frankfurt: Findet seit 1953 statt – jedes Jahr mit einem speziellen Thema. *jazzfestival. hr2-kultur.de*

NOVEMBER/DEZEMBER

Nacht der Clubs: Einmal zahlen, mehr als ein Dutzend Mal feiern. *nacht-der-clubs.de*

Winterlichter: Stimmungsvolles Lichtermeer im Palmengarten zur Adventszeit

Weihnachtsmarkt am Römerberg, Paulsplatz und Mainkai. Mit Künstlermarkt im Rathaus. *U-/S-Bahnen Hauptwache*

SCHÖNER SCHLAFEN

KRATZ' DIE WOLKEN

So schaut er aus, der High-Tech-Luxus: In der spektakulären Doppelturmarchitektur des neuen Palais-Quartiers bietet das *Jumeirah Frankfurt (Thurn- und-Taxis-Platz 2 | Tel. 069 2 97 23 70 | jumeirah.com | U-/S-Bahnen Hauptwache | €€€ | ☐ N3)* 218 Zimmer und Suiten mit Aussicht in zeitgemäß-elegantem Stil und mit intelligenter Wohntechnik – wer es lieber altmodisch mag, ist hier fehl am Platz. Zum Frühstück: den Skyline-Honig direkt vom Bienenvolk auf dem Hoteldach.

INSIDER-TIPP
Selbst geimkert

MID-CENTURY-TRAUM

Als wären die 50er ganz frisch auf Hochglanz poliert: Im Boutiquehotel *Ameron (Neckarstr. 7–13 | Tel. 069 75 66 60 | ameronhotels.com/en/ frankfurt-neckarvillen-boutique | U 5 Musterschule | €€ | ☐ N–M4)* trifft Mid Century-Moderne auf zeitgenössischen Komfort inklusive Saunaraum. Nebenbei ist das Kleinod mitten im Bahnhofsviertel Zuhause des Restaurants Le Petit Royal (s. S. 69).

LUXUSHERBERGE

Das berühmteste und prestigeträchtigste Hotel der Stadt kennt einfach jeder: Im *Steigenberger Frankfurter Hof (332 Zi. | Am Kaiserplatz 1 | Tel. 069 2 15 02 | steigenbergerhotel group.com | U 1–5, 8 Willy-Brandt-Platz | €€€ | ☐ N4)* residiert der gute, alte Luxus mit allem Drum und Dran. Nur der Butlerservice wurde vor einer Weile abgeschafft.

HIMMLISCHE BIO-VILLA

Himmelbetten, frei stehende Badewannen, viel Tageslicht, eine gemütliche Bibliothek und ein Frühstück in Bioqualität: Wer keine Lust auf anonyme Hotels hat, der wird sich hier wohl-

Alter Luxus, nun aber ohne Butler: im Frankfurter Hof

fühlen. Die *Villa Orange (Hebelstr. 1 | Tel. 069 40 58 40 | villa-orange.de | €€ | U 5 Musterschule | ☐ O3)*, von der es nur 5 Minuten zur Zeil ist, war nebenbei das erste Frankfurter Hotel, das mit dem Qualitätssiegel der Biohotels ausgezeichnet wurde.

GUTEN MORGEN, NIPPON!
Was frühstücken eigentlich Japaner? Finde es heraus im *Toyoko Inn (400 Zi. | Stuttgarter Str. 35 | Tel. 069 8 70 06 10 45 | toyoko-inn.com | U-/S-Bahnen Hauptbahnhof | € | ☐ M5)*, einem japanischen Kettenhotel mit äußerst funktionaler Einrichtung, günstigen Preisen und einem Frühstück, das japanischen und deutschen Gewohnheiten gerecht wird.

SCHÖNER WOHNEN
Urlaub machen wie zu Hause, nur besser? Das geht in diesem Schmuckstück: 27 individuell gestaltete Ein-

bis Drei-Zimmer-Suiten verteilen sich im *Libertine (Frankensteiner Str. 20 | Tel. 069 66 16 15 50 | das-lindenberg. de/libertine | Straßenbahn 14/18 Frankensteiner Platz | €€ | ☐ O4)*. Dazu gibt es eine Kocharena mit Skylineblick, das Wohnzimmercafé und sogar ein hauseigenes Tonstudio. Außerdem: Radverleih.

LUXUS-WG NO.2
Seit 2019 empfangen die Betreiber des Lindenberg auch im Ostend: Das *Lindley (Lindleystr. 17 | Tel. 069 5 06 08 60 50 | das-lindenberg.de/lind ley | Straßenbahn 11 Schwedler Straße | €€ | ☐ R4)* wartet mit gewohnt zeitgemäßer Gemütlichkeit, Gemeinschaftsküche und außergewöhnlichen Extras wie Baum- oder Kräuterraum (zum Selbstpflücken!) auf. Mini-Sportstudio, das vegetarische Lokal Leuchtendroter (s. S. 68) und Dachterrasse runden das Paket ab.

ERLEBNIS TOUREN

Lust, die einzigartigen Facetten der Stadt zu entdecken? Dann sind die Erlebnistouren genau das Richtige für dich! Ganz einfach wird es mit der MARCO POLO Touren-App: Die Tour über den QR-Code aufs Smartphone laden – und auch offline die perfekte Orientierung haben.

Opernplatz

Einfach QR-Code scannen und alle Karten & Infos zu unseren Touren auch unterwegs parat haben!

go.marcopolo.de/ffm

DIE ERLEBNISTOUREN IM ÜBERBLICK

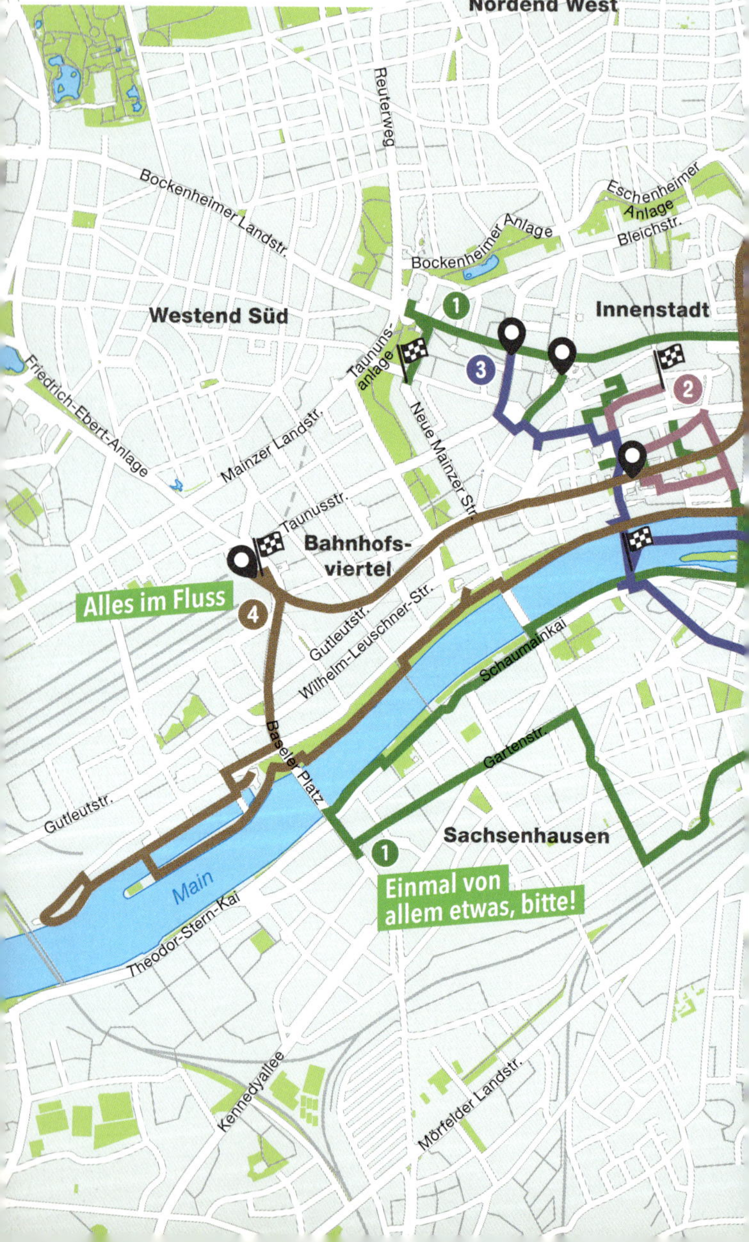

Nordend West

Eschenheimer Anlage

Bleichstr.

Bockenheimer Landstr.

Bockenheimer Anlage

Reuterweg

Innenstadt

Westend Süd

1

Taunusanlage

3

Mainzer Landstr.

Neue Mainzer Str.

Friedrich-Ebert-Anlage

2

Taunusstr.

Bahnhofsviertel

Alles im Fluss

4

Gutleutstr.

Wilhelm-Leuschner-Str.

Schaumainkai

Gartenstr.

Basteler Platz

Gutleutstr.

1

Sachsenhausen

Einmal von allem etwas, bitte!

Main

Theodor-Stern-Kai

Kennedyallee

Mörfelder Landstr.

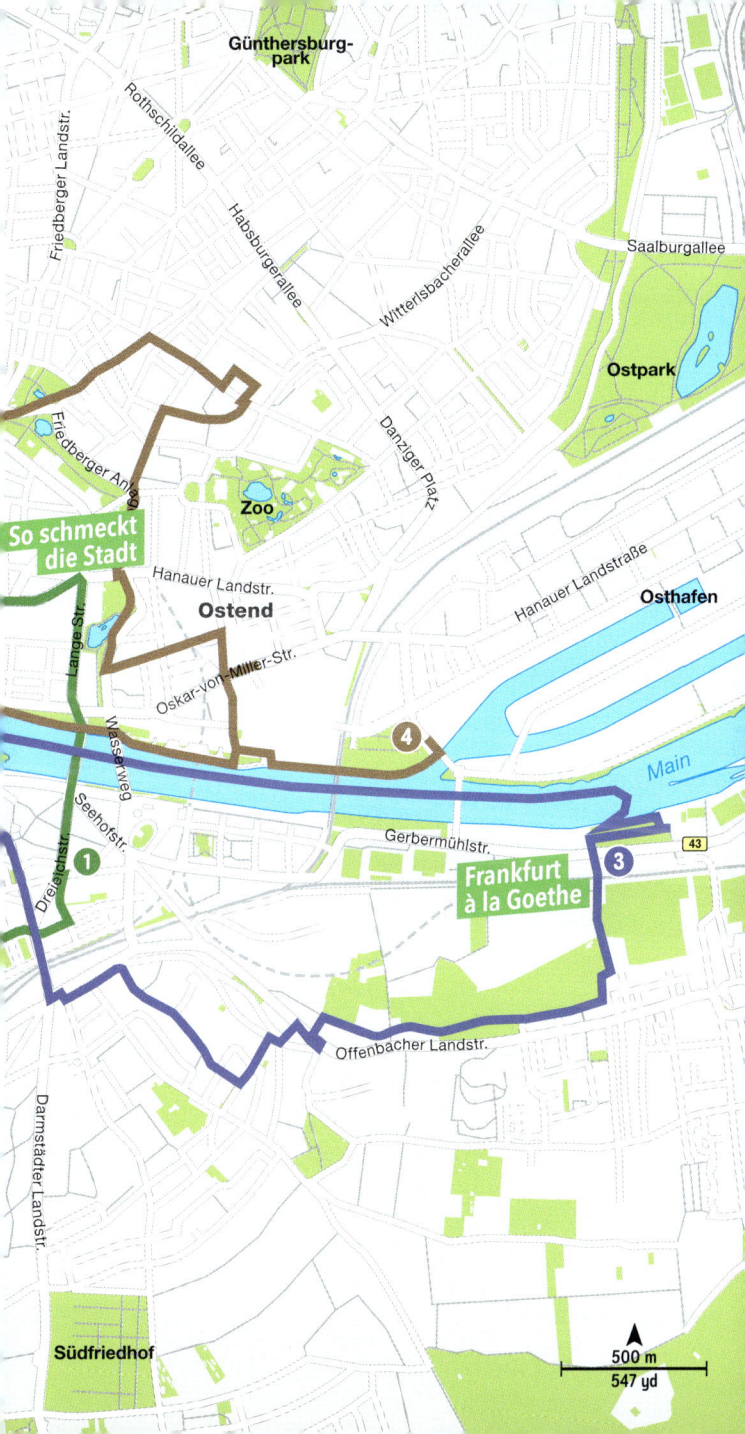

Günthersburg-park

Rothschildallee

Friedberger Landstr.

Habsburgerallee

Wittelsbacherallee

Saalburgallee

Ostpark

Danziger Platz

Friedberger Anlage

Zoo

So schmeckt die Stadt

Hanauer Landstr.

Hanauer Landstraße

Osthafen

Ostend

Lange Str.

Oskar-von-Miller-Str.

4

Wasserweg

Main

Gerbermühlstr.

43

Seehofstr.

Dreieichstr.

1

3

Frankfurt à la Goethe

Offenbacher Landstr.

Darmstädter Landstr.

Südfriedhof

500 m
547 yd

❶ FRANKFURT PERFEKT IM ÜBERBLICK

➤ Die Stadt auf einen Streich
➤ Von Römerberg bis Wolkenkratzer
➤ Schobbe petzen, Cocktail trinken

📍 Hauptwache   🏁 22nd Lounge & Bar

➡ 10,5 km   🚶 1 Tag, reine Gehzeit 1¾ Stunden

ℹ Kosten: ca. 60 Euro
Achtung: Kartenvorverkauf Alte Oper s. S. 126

GUT GESTÄRKT INS KLOSTER

❶ Hauptwache

Du startest an der ❶ Hauptwache ➤ S. 30. *Geh in westlicher Richtung ein Stück längs des Roßmarkts bis zur Ecke Am Salzhaus. Hier biegst du nach links ein, überquerst den Großen Hirschgraben,* und schon stehst

❷ Café Karin

du vor dem ❷ Café Karin ➤ S. 64, 110 – ideal fürs Frühstück oder eine Tasse Kaffee. Seine kleine Straßenterrasse ist im Sommer ein echter Logenplatz; bei schlechtem Wetter gewähren die großen Glasfenster im rechten Raumflügel immerhin den Blick auf das Goethehaus ➤ S. 40, 41 gegenüber.

Durch die Weißadler- und die Sandgasse sowie die linker Hand beginnende Sandhofpassage erreichst du den Liebfrauenberg. Geh links am Brunnen vorbei auf die Töngesgasse bis zum Schärfengässchen: In seiner Mitte führt ein Durchschlupf in den stillen Hof des

❸ Liebfrauenkloster

❸ Liebfrauenklosters ➤ S. 32. Oberhalb der Pforte illustriert eine Wandmalerei des Frankfurter Künstlers Guido Zimmermann die Philosophie der Kapuzinerbrüder. Halte auf einer der Bänke kurz inne, bevor du *südwärts durch die kurze Fußgängerzone bis zur Berliner Straße* gehst. Vor dir: der Paulsplatz mit der

❹ Paulskirche

❹ Paulskirche ➤ S. 37, die eine kurze Stippvisite lohnt.

FACHWERK UND WOLKENKRATZER

Ein paar Schritte gen Süden gelangt man in Frankfurts gute Stube, auf dem **⑤ Römerberg ➤ S. 38**. Lass die Fachwerkidylle auf dich wirken, bevor du dich am linken Rand des Platzes *durch eine breite Gasse* mit dem Kunstverein ➤ S. 37 und Blick auf das neue Stadthaus ➤ S. 39 über den römischen Ausgrabungen nach links zur **⑥ Schirn-Kunsthalle ➤ S. 37** wendest, wo du dir eine der Ausstellungen ansehen kannst. Hinter der Schirn und der verdichteten Neuen Altstadt ragt der **⑦ Kaiserdom ➤ S. 34** auf. Von seinem fast 100 m hohen Turm bietet sich ein fantastischer Ausblick – auch hinauf zu den Wolkenkratzern der City. Nach so viel Augenfutter ist nun wieder etwas für den Magen angesagt. Vom Dom Richtung Norden erkennst du schon das an ein gigantisches Tortenstück gemahnende **Mu-**

⑤ Römerberg

⑥ Schirn-Kunsthalle

⑦ Kaiserdom

seum für Moderne Kunst ➤ S. 33, das natürlich eben- falls einen Besuch lohnt. In seinem Sockel serviert das ❽ Mehlwassersalz ➤ S. 64 köstliches, hausgemach- tes Brot und viele Kleinigkeiten.

❽ Mehlwassersalz

Frisch gestärkt machst du dich nun auf den Weg *durch die Galerienmeile Fahrgasse über die Alte Brücke* ➤ S. 35 nach „Dribb de Bach", ans Museumsufer ➤ S. 27. Für den Nachmittag wählt man am besten ma- ximal zwei der dortigen Sammlungshäuser aus, z. B. das ❾ Deutsche Architektur-Museum ➤ S. 44 und das ❿ Städel ➤ S. 43 mit seiner weltberühmten Sammlung alter und moderner Kunst. Nicht vergessen: zwischendurch den Blick auf den Main genießen. Falls du nach dem (oder den) Museumsbesuch(en) eine Atempause und eine Stärkung brauchst: Der Hof des Liebieghauses – Museum Alter Plastik ➤ S. 42 birgt ein lauschiges ⓫ Sommercafé *(Mo geschl.);* im Winter gibt's die tollen Kuchen und deftigen Salate auch in zwei gemütlichen Räumen.

❾ Deutsches Architektur-Museum

❿ Städel

⓫ Sommercafé

EINEN APFELWEIN VOR DEM MUSIKGENUSS

Zu einem ersten „Schobbe" spazierst du nun *am Sach- senhäuser Mainufer Richtung Osten* – immer die Turm- nadel der Dreikönigskirche ➤ S. 46 und die markanten Doppeltürme der neuen Europäischen Zentralbank ➤ S. 122 im Blick. Falls die Füße weh tun, steigst du *südlich des Städel-Museums an der Stresemannallee/ Gartenstraße in die Tram 16 oder 15 und fährst bis Lo- kalbahnhof (ca. 11 Min.).* Von dort sind 3 Min. zu Fuß zum traditionsreichen Apfelweinlokal ⓬ Zum Eichkat- zerl ➤ S. 62. Mach es wie die Einheimischen und nimm hier zum Apfelwein ein frühes Abendessen ein oder probier nur einen Handkäs' als Aperitif.

⓬ Zum Eichkatzerl

Nach einem Rundgang durch die Fachwerkgassen im all- mählich mit anspruchsvolleren Lokalen und Geschäften aufwartenden ⓭ Alt-Sachsenhausen ➤ S. 42 nimmst du die *Straßenbahnlinie 18 (ab Lokalbahnhof oder Fran- kensteiner Platz)* zurück nach „Hibb de Bach" – bis zur *Konstabler Wache (ca. 10 Min.). Die U 6/7 bringt dich von dort* rechtzeitig zum Konzertbeginn zur ⓮ Alten Oper

⓭ Alt-Sachsenhausen

⓮ Alte Oper

Museum Städel: moderne Kunst in stylishem Ambiente

➤ S. 93. Beschwingt von dem Musikgenuss spazierst du die *Neue Mainzer Straße nach Süden.* Dein Ziel ist die Hausnummer 66–68 mit der edlen ⑮ **22nd Lounge &** **Bar** *(So–Do 18–1, Fr/Sa bis 3 Uhr | Innside Eurotheum)* im Obergeschoss. Zum Cocktail oder Wein liegt dir am Ende eines ereignisreichen Tags bei Cool Jazz und Live-Entertainment das nächtliche Frankfurt zu Füßen.

⑮ **22nd Lounge & Bar**

❷ KULINARISCHER EINKAUFSBUMMEL EINST UND JETZT

➤ **Apfelwein bis Craft-Beer – einmal durch Frankfurt probieren**
➤ **Bembel & Co.: Kulinarik zum Mitnehmen**
➤ **Köstliches Finale in der Kleinmarkthalle**

📍 Römerberg

🏁 Kleinmarkthalle

→ 1,5 km

🚶 ½ Tag, reine Gehzeit 30 Minuten

ℹ Mitnehmen: Einkaufskorb oder -tasche
Achtung: Whisky for Life: nur Mi–Sa geöffnet
Naiv Store & Tasting Room: nur Mi–Sa geöffnet
Kleinmarkthalle: Sa nur bis 16 Uhr geöffnet

MARKTWEIBER, KRAUT UND KRÄUTER

❶ Römerberg

Vor der Ostzeile des **❶ Römerbergs** ➤ S. 38 markiert ein **Sandsteinbrunnen** den Startpunkt dieser Tour. Ursprünglich wuschen an ihm die Frankfurter Hockinnen ihre Hände und Ware. Die Marktweiber, die so genannt wurden, weil sie auf niederen Schemeln hockten, betrieben ihre Geschäfte aber nicht nur auf dem Platz vor dem Rathaus. Das ganze Areal östlich von ihm diente bis ins späte 19. Jh. der Versorgung der Frankfurter. Im (durch die Rekonstruktion der Römer-Ostzeile und ihren modernen rückwärtigen Anbau wiederhergestellten) Rapunzelgässchen z. B. wurde Salat verkauft, vor dem gegenüberliegenden Steinernen Haus, heute Domizil des Kunstvereins ➤ S. 37, handelte man mit Kräutern. Nördlich des archäologischen Gartens, der unter dem Erdgeschoss des neuen Stadthauses ➤ S. 39 wieder sichtbar geworden ist, waren der Kraut- und der Hühnermarkt.

FRÜHER TUCHLEINEN, HEUTE KOMISCHE KUNST

Wenige Schritte südlich, an der Stelle der heutigen Kunsthalle Schirn ➤ S. 37, lag das Areal der Metzger. Ihre Verkaufsstände im Erdgeschoss der nur 2,5 m breiten Häuser entstanden, indem sie die Holzläden vor den Fenstern aufklappten und daraus Tisch und Dach machten. Diese Konstruktion nannte man Schirn. *Durch die Rotunde der Schirn und einen mainwärts gerichteten Treppenabgang erreichst du die Saalgasse.* Sie

❷ Weckmarkt

mündet ostwärts auf den **❷ Weckmarkt**. Hier boten einst die „Kucheweiber" frische Backwaren an. Das Eckhaus trägt den Namen **Leinwandhaus**; schon im Mittelalter wurde hier mithilfe der „Frankfurter Elle" (eine Nachbildung hängt an der Fassade) zu Messezeiten das von den Händlern per Schiff antransportierte Tuchleinen gemessen. Inzwischen bergen die historischen Mauern das Caricatura – Museum für Komische Kunst ➤ S. 34.

Am Ende des Weckmarkts stößt du auf die **Fahrgasse**, in der du nun beginnst, Vorratskammer und Keller zu füllen: in Frank Jergers üppig bestücktem Spirituosengeschäft **❸ Whisky for Life** *(Mi/Do 14–19, Fr 14–20, Sa*

❸ Whisky for Life

*12–18 Uhr | Fahrgasse 6 | whiskyforlife.
de)*, wo auch außerhalb der regelmä-
ßigen Tasting-Veranstaltungen stets
eine Probe aus Dutzenden von Fla-
schen möglich ist, im ❹ Naiv Store &
Tasting Room ➤ S. 68, 78 mit seinen
mehr als hundert Bierspezialitäten
aus aller Welt, von denen ein Großteil
auch im benachbarten, gleichnami-
gen Gasthaus ➤ S. 68, 78 ausgeschenkt wird, und in ❺ The Holy
Cross Brewing Society *(Di–Fr 8.30–
19, Sa/So 10–19 Uhr | Fahrgasse 7 |
theholycross.de)*. Hier zelebriert Matthias Stalter mit seinem Team die
Kunst des Kaffee-„Brauens" und bietet nicht nur frisch
geröstete Bohnen und weiteres Zubehör an, sondern
serviert auch Snacks.

KÖSTLICHKEITEN VON NAH UND FERN
Stadtwärts gelangst du zum Kannengießergässchen, wo
die Lohnkutscher ihren Durst löschten, die mit ihren
Fuhrwerken von den Gasthäusern in der Fahrgasse bis
nach Frankreich und Italien aufbrachen. *An der Ecke
Battonnstraße* findest du im ❻ Frankfurter Dippe-
markt *(Fahrgasse 80 | frankfurterdippemarkt.de)* typi-
sche Apfelweinkrüge und -gläser als Souvenir. Der
Name der *südwestlich abzweigenden Braubachstraße*
verweist auf die frühe Tradition der Frankfurter Gersten-
saftproduktion. Zudem lockt hier ❼ Bitter & Zart
➤ S. 78 mit allerlei Schokoladenspezialitäten, während
man sich in der Patisserie ❽ Iimori ➤ S. 63 mit japanischen Köstlichkeiten eindecken kann. *Über den Paulsplatz und die Berliner Straße* spazierst du nun *durch die
Neue Kräme* mit dem traditionsreichen ❾ Gewürz-
und Teehaus Schnorr *(Neue Kräme 28 | teeshop.de)*,
hinauf zum Liebfrauenplatz. Dorthin und in die Töngesgasse wurde einst der Wochenmarkt verlegt, wenn sich
auf dem Römerberg die Messehändler breitmachten.

Ende des 19. Jhs. verfügten die Ratsherren allerdings
die Verlegung des Markttreibens an die Stelle der ehe-

❹ Naiv Store & Tasting Room
❺ The Holy Cross Brewing Society
❻ Frankfurter Dippemarkt
❼ Bitter & Zart
❽ Iimori
❾ Gewürz- und Teehaus Schnorr

In der Kleinmarkthalle steht alles im Zeichen der kulinarischen Genüsse

⑩ **Kleinmarkthalle**

maligen Kasernen der Stadtmiliz – kaum 250 m von der heutigen ⑩ **Kleinmarkthalle** ➤ **S. 79** entfernt. Zum Abschluss gibt es hier z. B. eine typische Rindswurst im Stehen oder eine Fischsuppe auf der Galerie – und allerlei Internationales zum sofortigen Verspeisen oder als kulinarisches Mitbringsel. Wer mag, gönnt sich jetzt noch einen Wein dazu – der hier auch schon zur Mittagspause ausgeschenkt wird.

❸ AUF GOETHES SPUREN

➤ **Von Grie' Soß bis Gerbermühle**
➤ **City-Life & Sommerfrische mit dem Dichterfürsten**
➤ **Auf dem Rückweg Sightseeing per Boot**

📍	Goetheplatz	🏁	Eiserner Steg
→	knapp 10 km	🚶	1 Tag, reine Gehzeit 1 ¾ Stunden

ℹ Kosten: Goethehaus 7 Euro, Schiffsfahrt 9,80 Euro
Achtung: Willemer Häuschen: Innenbesichtigung nur So möglich
Anleger Gerbermühle: letzte Abfahrt Mo–Sa 16.30, So/Fei auch 18 und 18.30 Uhr

VOM HAUS DER KINDHEIT HINÜBER ZUR SOMMERFRISCHE

Der Spaziergang auf den Spuren des Dichterfürsten beginnt am ❶ Goetheplatz. Dort steht das von Ludwig (von) Schwanthaler 1844 geschaffene Goethe-Denkmal: Überlebensgroß erhebt sich der Dichterfürst auf einem Sockel mit allegorischen Reliefs und Szenendarstellungen aus seinen Werken. *Über den Roßmarkt und die Kaiserstraße wendest du dich nun in das Sträßchen am Salzhaus und dort gleich wieder nach rechts in den Großen Hirschgraben.* In der Nr. 23, dem ❷ Goethehaus ➤ S. 40, 41, wuchs Johann Wolfgang mit seiner jüngeren Schwester Cornelia auf, bis ihn sein Vater 1765 an die Universität nach Leipzig schickte.

Nach dem Rundgang durch die Museumsräume erreichst du *durch die Weißadlergasse und über den Kornmarkt* die kurze ❸ Sandgasse. Neben dem auf der rechten Seite gelegenen rückwärtigen Eingang zu einem Versicherungsgebäude erinnert eine Plakette an das Haus und die Werkstatt des Schneidermeisters Friedrich Georg Goethe, dem Großvater des Dichters. *Einige Schritte weiter nach rechts stößt du auf die Berliner Straße,* dahinter liegen Paulsplatz und Römerberg ➤ S. 38. *Das Fahrtor führt hinab an den Main zum Eisernen Steg ➤ S. 35, über den du den Main überquerst.* Zu Goethes Zeiten existierte diese Fußgängerbrücke noch nicht, daher ließ sich der Herr Dichter mit dem Kahn übersetzen ins damals als ländliches Ausflugsziel und Sommerfrische beliebte Sachsenhausen.

DURCH FACHWERKGASSEN ZUR SCHAUSPIELERGATTIN

Zeit für die Mittagspause: Das schwimmende ❹ Bootshaus Dreyer *(Tel. 069 62 19 35 | boothaus-dreyer.de | €-€€)* serviert östlich des Brückenkopfs bei schönem Wetter Suppen, Sandwiches, Handkäs' und Frankfurter Würstchen. *Durch die Schulstraße* geht es weiter in die ❺ Wallstraße, wo es den Nachtisch oder einen Verdauungsespresso gibt – entweder im familienbetriebenen Bizziice *(tgl., im Winter Mo geschl. | Wallstr. 26 | bizzi-ice.com),* das für sein leckeres Bioeis bekannt ist, oder

❶ Goetheplatz

❷ Goethehaus

❸ Sandgasse

❹ Bootshaus Dreyer

❺ Wallstraße

– an Samstagen – an einem der vielen Stände des **Markts im Hof** ➤ S. 79, wo vorwiegend regionale Erzeugnisse verkauft werden. *Durch das Fritschegässchen gelangst du über die Elisabethenstraße hinüber nach* **❻ Alt-Sachsenhausen** ➤ S. 42 mit seinen historischen Fachwerkgassen. *Über den Affentorplatz geht es zurück auf die Darmstädter Landstraße. Bald hinter dem Eingang zur S-Bahnstation Lokalbahnhof kreuzt die Offenbacher Landstraße. Von ihr steigt der Hainer Weg bergan. Nach wenigen Metern hältst du dich links und folgst nun dem Hühnerweg bis hinauf zur Nr. 74.*

❻ Alt-Sachsenhausen

Inmitten eines gepflegten Rokokogärtchens, wo Bänke zum Verweilen einladen, versteckt sich das rekonstruierte **❼ Willemer Häuschen** *(Ostern–Mitte Okt. So 11–16 Uhr | Eintritt frei).* Der schindelgedeckte Türmchenbau stand einst inmitten von Weinbergen und gehörte dem Bankier Johann Jakob Willemer, dessen junge Schauspielergattin Marianne es auch Goethe angetan hatte und die Vorbild für die Suleika in seinem Spätwerk, dem „West-östlichen Diwan", war.

❼ Willemer Häuschen

LEIBSPEISE UND BOOTSTOUR

Spazier auf dem Hühnerweg noch ein wenig weiter und bieg dann nach links in die Steinhausenstraße ab, danach in die Bornemannstraße. Halte dich nun rechts,

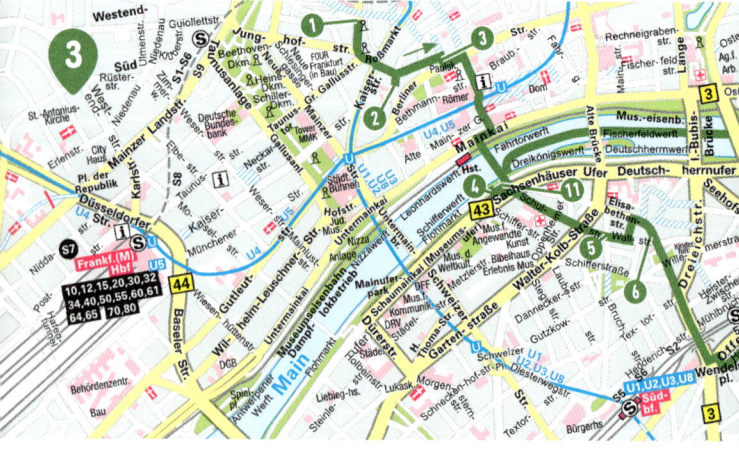

dann gleich wieder links. Über den Lettigkautweg gelangst du hinab zur Offenbacher Landstraße, die du überquerst, um nach wenigen Schritten rechts den Fußweg durch die Oberräder Gärten zu nehmen. Der Weg mündet in die Kochstraße – und dort, an der Ecke zum Speckweg, steht am Rand der Kräuterfelder das **❽ Grüne-Soße-Denkmal** *(short.travel/ffm5)*: sieben Gewächshäuser, jedes in einem anderen Grün, die die sieben Kräuter als essenzielle Bestandteile des Frankfurter Nationalgerichts symbolisieren – Schnittlauch, Borretsch, Pimpinelle, Kerbel, Sauerampfer, Petersilie und Kresse. Die Grüne Soße zählte zu Goethes Leibgerichten, und angeblich soll er sich die Tunke auch von seiner Mutter nach Weimar schicken haben lassen.

Wende dich nun nach links in den Speckweg und quere an der Ampel das Deutschherrnufer bis hinab zum Mainwasenweg. Rechts lugt dann schon die **❾ Gerbermühle** *(tgl. | Gerbermühlstr. 105 | Tel. 069 68 97 77 90 | gerbermuehle.de | €€)* durch die Bäume. Dies war der Sommersitz der Willemers, in dem Goethe u. a. 1815 Quartier nahm und seine „allerschönste Zeit" verbrachte. Heute ist hier ein Hotel mit Restaurant und Biergarten untergebracht, wo man sich noch mal stärken kann, bevor es auf den Weg zurück in die City geht.

❽ Grüne-Soße-Denkmal

❾ Gerbermühle

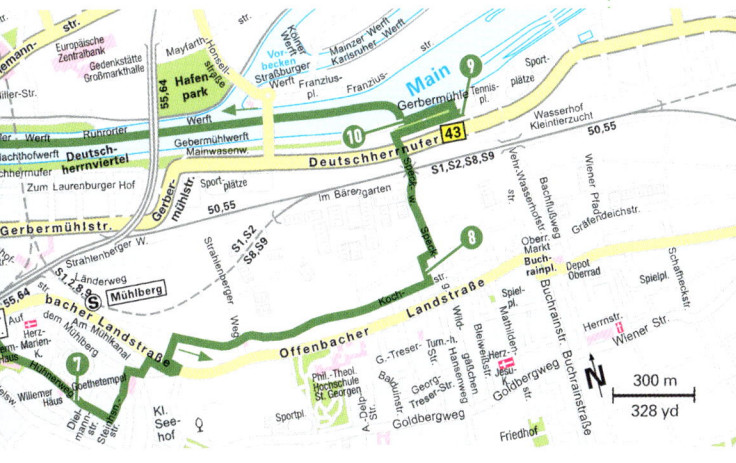

⑩ Anleger Gerbermühle

⑪ Eiserner Steg

Der krönende Abschluss wird jetzt auf dem Wasser zurückgelegt: Vom ⑩ **Anleger Gerbermühle** bringt dich das Schiff der Primus-Linie ➤ S. 128 nach einem kurzen Ausflug mainaufwärts zur Offenbacher Schleuse zurück zum ⑪ **Eisernen Steg**.

❹ (INDUSTRIE-)KULTUR UND NEUES BAUEN

➤ Fest im Sattel – Frankfurt per Rad entdecken
➤ Jüngere Architekturgeschichte erleben
➤ Im Zuhause des Geldes vorbeischauen

📍	Hauptbahnhof	🏁	Hauptbahnhof
🔄	15 km		½ Tag, reine Fahrzeit 1 ¼ Stunden

ℹ️ Kosten: Leihrad 2 Euro/Stunde, Theaterkarte 18–22 Euro
Achtung: Leihrad: S. 111
Europäische Zentralbank: Besuch nur nach vorheriger Anmeldung unter *visitor.centre@ecb.europa.eu*
Theater Willy Praml: Spielplan und Kartenvorbestellung unter *theater-willypraml.de*
Lokal: nur an Veranstaltungstagen *(mousonturm.de)* ab 1 Stunde vor Vorstellungsbeginn geöffnet

ALTE & NEUE BAUTEN, MEDITERRAN & LECKER

Frankfurt ist eine Stadt im stetigen Wandel. Innovation hat hier Tradition – davon kann man sich auch bei diesem Rundgang überzeugen. Die Tour beginnt am

❶ Hauptbahnhof

❶ **Hauptbahnhof**. Der Berliner Architekt Johann Wilhelm Schwedler plante die für die damalige Zeit neuartige Eisenkonstruktion mit bis zu 28 m hohen Tonnengewölben. Bevor du dir ein Rad nimmst, schau noch hinauf zur von den Symbolen für Dampf und Elektrizität flankierten Atlas-Figurengruppe des Schweizer Bildhauers und Städel-Absolventen Gustav Herold auf dem Bahnhofsdach. *Nun folgst du der Baseler Straße in Richtung Süden bis kurz vor die Friedensbrücke. Dort biegst du rechts ab in die Speicherstraße und dann über die Bahngleise gleich wieder nach links.* Drei, vier Pedalumdrehungen weiter erreichst du das Becken des **②** **Westhafens** mit einigen alten Backsteinlagerhäusern und vielen neuen Wohn- und Bürogebäuden, z. B. dem Westhafentower ➤ S. 50. An dessen Saum lädt die familiäre, lichtdurchflutete **③** **L'Osteria** *(tgl. | Tel. 069 24 24 70 20 | short.travel/ffm6 | €€)* mit typisch italienischem Flair. An einem der Terrassentische kann man sich mit einer Riesenpizza oder frischer Pasta stärken.

② Westhafen

③ L'Osteria

Nach Dolci und Espresso geht es dann *längs des Bachforellenwegs nach Westen* bis zum 1899 erbauten, inzwischen als Restaurant fungierenden **Druckwasserwerk** – ein imposantes Bauwerk im neuromanischen Stil. *Nun hältst du dich Richtung Osten, biegst rechter Hand ab auf den Steg über das Hafenbecken und wendest dich wieder ostwärts. An der Mainuferpromenade radelst du immer geradeaus. Unter dem Holbeinsteg* ➤ *S. 51 hindurch* gelangst du ins mediterran-grüne **④** **Nizza** ➤ S. 51. Der moderne weiße Kubus neben dem Uferpark birgt das Restaurant **Main-Nizza** ➤ S. 51. Wer noch einen Kaffee braucht oder ein kaltes Getränk, legt hier eine Pause im Garten oder auf dem Balkon ein. Dabei lohnt der Blick auf die andere Seite des Flusses, wo sich die Sammlungshäuser des Museumsufers ➤ S. 27 aneinanderreihen.

④ Nizza

ZU FLÖSSERN, BANKEN UND GROSSER KUNST

Am **⑤** **Eisernen Steg** ➤ S. 35 solltest du erneut aus dem Sattel steigen und einen Blick nach links auf die Fassade des Saalhofs ➤ S. 39, der ehemaligen Zollstelle mit dem mittelalterlichen Rententurm, und auf den Neubau des Historischen Museums ➤ S. 36 werfen, dessen Ausstellung zur Stadtgeschichte du dir andermal in Ruhe ansehen kannst. *Unter der Alten Brücke hindurch geht es weiter am Flussufer gen Osten.* Hinter der Flößerbrücke sieht man schon zwei Flusskräne der ehemaligen **Weseler Werft**, und hinter dir befinden

⑤ Eiserner Steg

sich einige bauliche Beispiele für das „Neue Wohnen am Fluss": Anstelle von Lagerhallen und Schrottbergen sind am Ufer nun Wohnhäuser zu sehen (Mieten oder Kaufen kann man sich aber nur mit gut gefülltem Bankkonto leisten). Zudem ragt hier der Neubau der ❻ **Europäischen Zentralbank** *(Sonnemannstr. 20 | short. travel/ffm7)* auf, in deren **Besucherzentrum** im Eingangsbereich du dich nun über die Geschichte und die Arbeit der Institution informierst. Das Gebäude wächst aus der Mitte der ehemaligen Großmarkthalle, 1928 von Martin Elsässer im Stil der Neuen Sachlichkeit errichtet. Sie war seinerzeit der höchste Bau der Stadt und mit 220 m Länge die größte freitragende Halle in moderner Schalenbauweise.

Folge nun dem Uferweg mainaufwärts bis zu dem Rasenareal unterhalb der EZB. Über eine flache Rampe geht es hinauf zum ❼ **Oosten**➤ S. 68. Auf der Dachterrasse des Lokals genießt du zum Aperitif den Panoramablick auf die City und Sachsenhausen. Bevor es wieder aufs Rad geht, lohnt sich noch ein kurzer Spaziergang *ostwärts – unter der historischen Deutschherrnbrücke (1913) hindurch, längs des neuen Hafenparks bis zur* denkmalgeschützten **Honsellbrücke**, in deren Brückenbogen nun der ❽ **Kunstverein Familie Montez** sein Domizil gefunden hat. Unbedingt einen Blick in die Ausstellungsräume und in das inzwischen richtig gemütliche Café werfen (oder gleich dort verweilen)! Im Kunstverein Familie Montez lohnt auch ein zweiter Besuch: Der einstige Off-Space wandelt sich mehr und mehr zur Allround-Location, mit tagsüber Kaffee und Kuchen und abends Konzertprogramm, zum Beispiel mit dem berühmten Frankfurter Ensemble Modern *(Termine auf der Website kvfm.de).*

INSIDER-TIPP
Abendliche Konzerte

THEATER, TANZ UND GUTES ESSEN
Hungrig? Dann rasch *zurück zum Rad und an der Westseite der EZB auf der Horst-Schulmann-Straße bis zum* ❾ **Wirtshaus im Ostend** *(tgl. | Rückertstr. 22 | Tel. 069 90 43 58 00 | wirtshaus-im-ostend.de | €–€€),* das sich

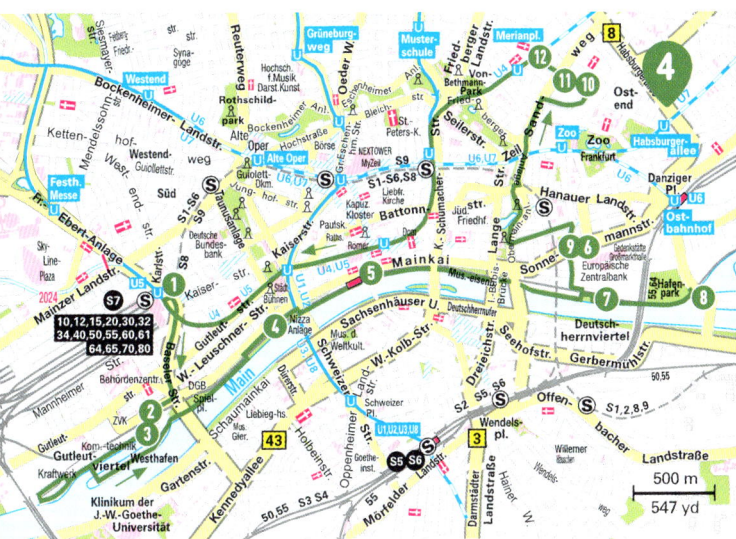

übrigens schon auf Offenbacher Stadtgebiet befindet. Hier gibt es Typisches aus der Region und andere Deftigkeiten.

Gestärkt fährst du nun einige Meter nordwärts, biegst links in die Ostendstraße ein und folgst dieser bis zum Ende. An der Ampel geht es hinüber in die Obermainanlage; du hältst dich rechts, querst die Straße Allerheiligentor und fährst in der Grünanlage weiter nach Norden bis zur Kreuzung Zeil/Friedberger Anlage/Sandweg. Letzterem folgst du bis zur Mousonstraße. Hier biegst du rechts ein, an der nächsten Ecke fährst du links in die Waldschmidtstraße. Zwei eindrucksvolle Backsteinbauten des frühen 20. Jhs. stehen dort: die Naxoshalle, wo du eine Vorstellung im ❿ Theater Willy Praml ➤ S. 94 besuchen könntest, und das Künstlerhaus Mousonturm ➤ S. 94, ebenfalls mit einem Bühnenangebot, darunter experimentelle Tanzproduktionen und auch Konzerte. Nach der Vorstellung nimmst du dort im gemütlichen ⓫ Lokal noch einen Schlummertrunk. Von hier sind es nur 300 m zum ⓬ Merianplatz, wo du das Rad abstellen und *in die U 4 steigen kannst,* die dich zum ❶ Hauptbahnhof zurückbringt.

❿ Theater Willy Praml

⓫ Lokal

⓬ Merianplatz

❶ Hauptbahnhof

GUT ZU WISSEN

DIE BASICS FÜR DEINEN STÄDTETRIP

ANKOMMEN

ANREISE

Frankfurts Stadtgebiet ist von der A 5 über die A 66 bzw. den mehrspurigen Alleenring zu erreichen und von der A 3 über die Kennedyallee. Es dürfen nur noch Fahrzeuge mit einer grünen Plakette in die Umweltzone, die sich über die gesamte City innerhalb des Autobahnrings erstreckt, fahren. *umweltzone.frankfurt.de*

Am Hauptbahnhof halten alle Personenzüge (Nah- und Fernverkehr). ICEs und Intercityzüge fahren stündlich von und in alle deutschen Großstädte. Achtung: Einige Fernzugverbindungen passieren den Hauptbahnhof gar nicht und führen stattdessen über den Südbahnhof. Auch der ist sehr gut an die City angebunden. Frankfurt ist natürlich auch an das Fernbuslinennetz

angebunden und beispielsweise von München und Hamburg in ca. sechs Stunden (schnellste Verbindung), von Berlin in acht Stunden zu erreichen *(flixbus.de)*. Flugverbindungen gibt es zu allen großen und mittleren Städten. Infos über das *Fraport-Infofon: Tel. 069 69 00* oder *Tel. 01805 3 72 46 36 (*) | frankfurt-airport.de*. Der Flughafen ist an das Bahn- und S-Bahnnetz angeschlossen. Die S-Bahnen in die City verkehren im 15-Minuten-Takt, die Fahrt dauert 15–20 Min. *(4,90 Euro)*. Mit dem Taxi braucht man 20–40 Min. *(mind. 30 Euro)*.

MOBIL SEIN

FAHRRADVERLEIH

Noch vor Kurzem hatte man auch in Frankfurt die Qual der Wahl aus

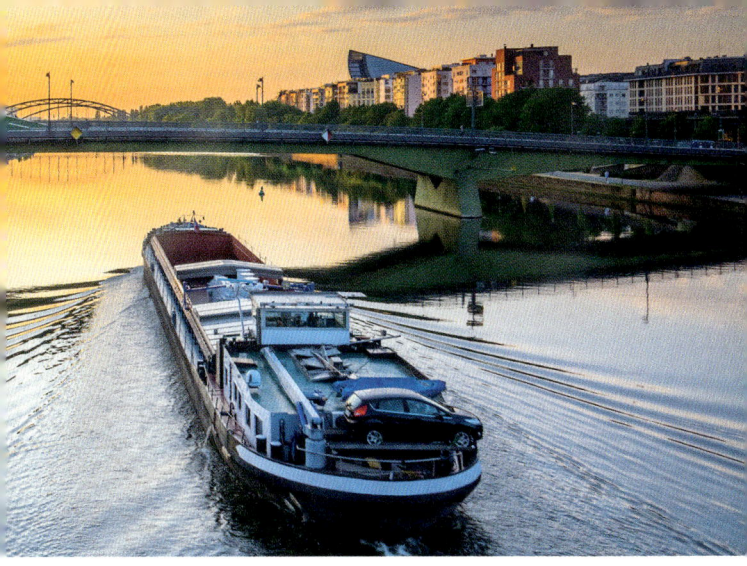

Bei einer Bootsfahrt auf dem Rhein geht's auch an der Europäischen Zentralbank vorbei

unterschiedlichsten Leihradanbietern. Doch schon nach kurzer Zeit gingen viele von ihnen pleite – was die einen schade finden, die anderen klammheimlich begrüßten, weil nun die Bürgersteige nicht mehr ganz so vollgepackt mit Rädern sind. Inzwischen ist die Auswahl deutlich auf einige Anbieter zusammengeschrumpft. Der nach wie vor bekannteste und größte ist wie schon viele Jahre zuvor *Call a bike (1 Euro/30 Min., max. 15 Euro/ Tag | callabike.de)*, geblieben sind außerdem *Nextbike (1 Euro/30 Min., max. 9 Euro/Tag | nextbike.de),* und *Lime Bike (1 Euro/30 Min. | limebike. com).*

ÖFFENTLICHE VERKEHRSMITTEL

In S-, U- sowie in Straßenbahnen und Bussen *(rmv.de)* gilt dieselbe Fahrkarte. Schon ab der zweiten Fahrt lohnt sich eine Tageskarte *(5,35 Euro, beliebig viele Fahrten bis Betriebsschluss)*. Mit der Gruppentageskarte *(11,30 Euro)* können bis zu fünf Personen gemeinsam beliebig viele Fahrten unternehmen. Zehn Nachtbuslinien fahren Fr/Sa zwischen 1.30 und 3.30 Uhr halbstündlich ab Konstablerwache in alle Stadtteile, in die Außenbereiche stündlich. Beim Busfahrer kann ein Taxi für den restlichen Heimweg bestellt werden *(nachtbus-frankfurt.de)*. 2020 fuhren die U-Bahnlinien 4, 5, 7 und 8 zumindest auf einer Teilstrecke am Wochenende rund um die Uhr (halbstündlich). Bei erfolgreichem Testlauf sollte der Takt auch 2021 beibehalten werden.

TAXI

Frankfurts Taxiruf: *Tel. 069 23 00 01* und *Tel. 069 25 00 01; Taxi 33: Tel. 069 23 00 33; Main-Taxi: Tel. 069 73 30 30; Velo-Taxi (April–Okt. | Tel. 069 71 58 88 55 | Mo–Fr auch Tel. oder unterwegs anhalten | frankfurt.velotaxi.*

de | max. 2 Pers. pro Taxi, Kurzstrecke 4, bis 3 km 12, 30 Min. 2, 60 Min. 38 Euro)

VOR ORT

AUSKUNFT

TOURIST-INFORMATION HAUPT-BAHNHOF EINGANGSHALLE
Mo–Fr 8–21, Sa/So 9–18 Uhr | Tel. 069 21 23 88 00 | frankfurt-tourismus.de

TOURIST-INFORMATION RÖMER
Mo–Fr 9.30–17.30, Sa/So 10–16 Uhr | Auf dem Römerberg | Tel. 069 21 23 88 00

KARTENVORVERKAUF
Bei der Ticket- und Info-Hotline Frankfurt Ticket erhält man Karten für Theater, Oper, Ballett und Alte Oper, aber auch für Konzerte: *Tel. 069 1 34 04 00.* Oper und Schauspiel haben zudem

GRÜN & FAIR REISEN

Du willst beim Reisen deine CO_2-Bilanz im Hinterkopf behalten? Dann kannst du deine Emissionen kompensieren *(atmosfair. de; myclimate.org)*, deine Route umweltgerecht planen *(routerank. com)* oder auf Natur und Kultur *(gate-tourismus.de)* achten. Mehr über ökologischen Tourismus erfährst du hier: *oete.de* (europaweit); *germanwatch.org* (weltweit).

einen eigenen telefonischen Vorverkauf: *Tel. 069 21 24 94 94 | frankfurt ticket.de*

LOKALZEITUNGEN & -MAGAZINE
Frankfurter Neue Presse: Frankfurter Tageszeitungen mit dem weitgefächertsten Lokalteil. *fnp.de*
FAZ: Die „Frankfurter Allgemeine" hat einen politisch-kulturell und sportlich orientierten Lokalteil namens *Rhein-Main-Zeitung*; ausgewählte Themen auch als Netzausgabe. *faz.net*
FR: Mit ihren Stadtteilseiten geht die „Frankfurter Rundschau" ins Detail, vor allem in der Printausgabe. *fr-online. de*
Frizz: Kostenloses Stadtmagazin mit Veranstaltungen, Serviceteil und Geschichten. *frizz-frankfurt.de*
Journal Frankfurt: Aus den alternativen Magazinen „Pflasterstrand" und „Auftritt" entstanden, heute das auflagenstärkste Stadtmagazin Deutschlands – vor den Berlinern! Erscheint monatlich. *journal-frankfurt.de*
Strandgut: Monatliches, kostenloses Kulturmagazin für das Rhein-Main-Gebiet mit oft launigen Kritiken, Vorschauen und Terminen. *strandgut.de*

STADTRUNDFAHRTEN & RUNDGÄNGE

RUNDFAHRTEN
Täglich werden von unterschiedlichen Veranstaltern Bustouren durch Frankfurt angeboten, darunter auch Hop-on-Hop-off-Fahrten im (offenen) Doppeldecker. Die Touren dauern ca. 1–2 Std.; es gibt Informationen in zehn Sprachen. Anbieter sind u. a. *Yel-*

Große Skateanlage im Hafenpark, nahe der EZB

low Cab (*Abfahrt Berliner Straße vor der Paulskirche | ab 14,90 Euro | stadt rundfahrten-frankfurt.de*) und *ETS Greenline Tours (Abfahrt vorm City-Office | Wiesenhüttenplatz 39 | 38,50 Euro (2 ½ Std.) | ets-frankfurt. de)*. Karten für *Flughafen-Rundfahrten (Mo–Fr 13, 14, 15, 16, Sa/So 11 u. 12 Uhr | 7 Euro | Tel. 069 69 07 02 91 | rundfahrten.frankfurt-airport.de)* gibt es am Rundfahrtenschalter in der *Airport City Mall* im Terminal 1, Ebene 0, die Minitour dauert 45 Min.

EBBELWEI-EXPRESS 🚩🚃

Die urigste Rundfahrt durch Frankfurt – allerdings oft auch richtig voll. Prima auch für Kinder, die keine Lust mehr aufs Rumlaufen haben. Zu- und Aussteigen ist an allen Haltestellen möglich. Fahrkarten gibt's beim Schaffner, im Preis enthalten ist eine Flasche Apfelwein (oder eine alkoholfreie Alternative). *Sa/So | 1 Std. 8 Euro | ebbel wei-express.com*

RUNDGÄNGE

Die *Kulturothek (An der Kleinmarkt-halle 7 | 8–17 Euro | Tel. 069 28 10 10 | kulturothek-frankfurt.de)* veranstaltet regelmäßig besondere Stadtbegehungen – teilweise sogar als Kostümführung. Extra-Tipp für alle, die es eilig haben: Der halbstündige Rundgang „Die neue Altstadt in 30 Minuten" (5 Euro). Frankfurt zu Fuß, per Rad oder mit der Tram erkundet man bei den Thementouren von *Kunstkontakt (ab 10 Euro | Tel. 06171 7 95 78 | kunstkontakt-frankfurt.de)*, und auch bei den *Frankfurter Stadtevents (Ludwigstr. 33–37 | 13–25 Euro | Tel. 069 97 46 03 27 | frankfurter-stadtevents. de)* kann man unter einer Vielzahl von

Rundgängen wählen und sich die Stadt z. B. aus der Perspektive von Obdachlosen erklären lassen – sehr empfehlenswert, um den eigenen Horizont zu erweitern! Mit den Gästeführern des *Frankfurt Tourismus (Treffpunkt, Info und Tickets: Tourist Information Römer | 2 Std. 14 Euro | frankfurt-tourismus.de)* lässt sich die Stadt ebenfalls entdecken. Architekturfans sollten die Streifzüge der *Guiding Architects (ab 15 Euro | ga-frankfurt.de)* nicht verpassen. Und wenn du die großen und kleinen Geschichten nacherleben möchtest, die Frankfurt auszeichnen, und du dich auf die Spuren von Frankfurter Legenden und Persönlichkeiten begeben willst, dann solltest du eine Führung bei Frank Seibolds *Frankfurter Stadtgeschichten (ab 10 Euro | frankfurter-stadtgeschichten.de)* buchen.

INSIDER-TIPP Stadttour für lau

Jeden dritten Samstag im Monat laden die Mitglieder des Freundeskreises *Liebenswertes Frankfurt e. V. (frankfurt-liebenswert.de)* zu einem zweistündigen Gratis-Stadtbummel ein. Treffpunkt: 14 Uhr an der Uhr vor dem Café Hauptwache *(▢ N3)*.

Frankfurt im Dauerlauf oder per Rad erleben? Unter Sport, Spaß & Wellness (s. S. 98) findest du sportliche Stadtrundgänge.

Mit Kindern unterwegs? Die 🕿 *Frankfurter Stadtevents (ab 7 Euro pro Pers. | frankfurter-stadtevents.de)* haben eigene Stadtführungen für Kinder und Familien im Programm, von Gruseltouren mit Schreckmomenten bis hin zum Besuch bei der

Frankfurter Feuerwehr – Branderziehung inklusive. Auch spezielle Flughafenrundtouren für kleine Gäste, Rallyes quer durch die Stadt und Ausflüge in die Umgebung stehen auf dem Programm. Unbedingt im Voraus buchen!

WAS KOSTET WIE VIEL?

Kaffee	ca. 2 Euro
	für eine Tasse
Schwimm-bad	ab 5,50 Euro
	für einen Besuch (erm. 3,80 Euro, bis 14 J. frei)
Apfelwein	ab 1,70 Euro
	für ein Glas
Theater	18–58 Euro
	reguläre Preise im Schauspiel Frankfurt, je nach Kategorie
Handkäs'	3,50 Euro
	für eine Portion
Fahrkarte	ab 2,75 Euro
	für eine Fahrt mit öffentlichen Verkehrsmitteln (Kinder 1,55 Euro)

SCHIFFE UND BOOTE

Am Eisernen Steg legen vom stadtseitigen Mainufer Ausflugsschiffe der *Primus-Linie Frankfurter Personenschiffahrt (ab 9,80 Euro | Tel. 069 1 33 83 70 | primus-linie.de)* zu Kurztrips ab. Für Hochhaus-Romantiker lohnt sich die einstündige Skylight-Tour *(12,90 Euro)* am Abend. Weitere Themenfahrten vom Gruseldinner an Bord bis zum Tagesausflug über Rhein und Main auf der Website.

SEGWAY

Ganz ohne Muskelkraft kommst du auf dem Segway voran: geführte Touren auf dem motorisierten Stehroller mit *Zaksway (Sandweg 46 | ca. 2 Std. inkl. Einweisung 69 Euro | Tel. 069 90 43 41 67 | zaksway.de)*.

VERGÜNSTIGUNGEN

Mit der *Frankfurt Card (1 Tag 11 Euro, 2 Tage 16 Euro, Gruppe mit max. 5 Pers.: 1 Tag 23 Euro, 2 Tage 33 Euro)* gibt es nicht nur freie Fahrt im städtischen Nahverkehr, sondern auch Preisnachlässe in Museen, Theatern, bei Stadt- und Schiffsrundfahrten, im Palmengarten, Zoo und Flughafen sowie in einigen Restaurants, Cafés und Geschäften.

WLAN

Etliche Restaurants, Hotels, Cafés und auch Einkaufszentren bieten kostenlosen Internetzugang. Gratis-WLAN hast du außerdem im Expressbus X 17 zum Flughafen und (meist) in den S-Bahnen; leider noch kein WLAN in den U-Bahnen und Bussen im Stadtgebiet, auch ein städtisches Hotspot-System gibt es in Frankfurt bis dato nicht.

NOTFÄLLE

NOTFALLNUMMERN

Feuerwehr/Notarzt: Tel. 1 12
Polizei: Tel. 1 10
Ärztlicher Notfalldienst: Tel. 1 92 92
Zahnärztlicher Notdienst: Tel. 069 59 79 53 60

WETTER IN FRANKFURT

	Hauptsaison
	Nebensaison

	JAN.	FEB.	MÄRZ	APRIL	MAI	JUNI	JULI	AUG.	SEPT.	OKT.	NOV.	DEZ.
Tagestemperaturen	3°	5°	11°	16°	20°	23°	25°	24°	21°	14°	8°	4°
Nachttemperaturen	-2°	-1°	2°	6°	9°	13°	15°	14°	11°	7°	3°	0°
Sonnenschein Stunden/Tag	2	3	5	6	8	7	7	6	5	3	2	1
Niederschlag Tage/Monat	11	9	8	9	9	10	10	11	9	9	10	10

☀ Sonnenschein Stunden/Tag   ☂ Niederschlag Tage/Monat

FRANKFURT FEELING

ZUM EINSTIMMEN & AUSKLINGEN

LESESTOFF & FILMFUTTER

📖 DIE VOLLIDIOTEN

Eckhard Henscheids bös-komischer Roman über einen Abend im Nordend aus dem Jahr 1973 wurde zum Frankfurt-Klassiker und 2014 neu aufgelegt. Das nach ihm benannte Lokal hält sein Andenken in Ehren.

🎥 SKYLINES

In der Netflix-Serie aus und über Frankfurt werden so einige Klischees bedient und manche Tatsachen zusammengeschmissen, aber Kritiker und Zuschauer lieben es (Frankfurter Stadtführer nicht so sehr). Vor allem die Laiendarsteller überzeugen.

🎥 IRON SKY

Mainhattan zur Ehre: Die New-York-Szenen der Science-Fiction-Komödie (2012) wurden in Frankfurt gedreht, u. a. an der Weseler Werft, in der Taunus- und in der Neuen Mainzer Straße.

🎥 EIN FALL FÜR ZWEI

Ganze 300 Episoden lang heftete sich Detektiv Matula auf die Fersen vermeintlicher Fieslinge, geriet in Schlägereien und zettelte selber welche an. Mit seinem Verdacht lag er nicht selten daneben. Macht nix: Ein Muss für Romantiker des urig-raubeinigen Frankfurt (auf DVD).

PLAYLIST QUERBEET

0:58

**II RODGAU MONOTONES –
ERBARME, DIE HESSE KOMME**
Die Quatschtexte der hessischen
Kultrocker gelten nicht nur den
Frankfurtern, aber eben auch.

▶ **HANYBAL FEAT. HAFTBEFEHL –
FRANKFURT BRUDI**
Nicht jugendfrei, aber nunmal
eine der bekanntesten Frank-
furt-Hymnen zur Zeit. Drogen,
Geld, soziale Kälte.

▶ **MUNDSTUHL – ADLER AUF DER
BRUST**
Der Eintracht zu Ehren: Für den
Frankfurter Fußballverein dichtete
das Comedy-Duo „Football's co-
ming home" um.

▶ **SCHWESTER S. – JA KLAR**
Die Frankfurterin Sabrina Setlur,
damals noch als Schwester S. mit
Moses Pelhams Rödelheim Hart-
reim Projekt, eroberte Mitte der
1990er als erste Rapperin die deutschen Single-Charts.

*Den Soundtrack
zum Urlaub gibt's
auf **Spotify** unter
MARCO POLO
Frankfurt*

Oder Code mit Spotify-App scannen

AB INS NETZ

STADTKINDFRANKFURT.DE
Ob Urban Art, Fotografie, Konsum,
Kunst, Musik oder Film – zu fast allen
Themen gibt es Infos und kommentie-
rende Texte

**FRANKFURTDUBISTSOWUNDER-
BAR.DE**
Das Projekt einer Kreativagentur lie-
fert nette, gern persönliche Geschichten und Empfehlungen plus Fotos

FEUILLETONFRANKFURT.DE
Ein Kulturmagazin, das frei von Hypes
und Werbepartnern einen guten

Überblick über aktuelle Kunstausstel-
lungen in der Stadt gibt

CAPPELLUTI.NET/DANIELAS-WELT
Wöchentliche Ausgehtipps von Danie-
la Cappelluti als wichtiger Wegweiser
durchs Frankfurter Nachtleben

SHORT.TRAVEL/FFM3
Auf dem offiziellen Youtube-Kanal der
Stadt gibt's alles, was das visuelle Herz
begehrt: Stadtansichten, Frankfurter
im Porträt, Videos von Ausstellungen,
die eigene Mini-Serie „Aleisha" und
auch ein wenig Stadtmarketing

TRAVEL PURSUIT

DAS MARCO POLO URLAUBSQUIZ

Weißt du, wie Frankfurt tickt? Teste hier dein Wissen über die kleinen Geheimnisse und Eigenheiten von Stadt und Leuten. Die Lösungen findest du in der Fußzeile. Und ganz ausführlich auf den S. 20–25.

❶ Was gehört auf keinen Fall in die Frankfurter Grüne Soße?
a) Pimpinelle
b) Borretsch
c) Dill

❷ In welchen Gefäßen wird Apfelwein serviert?
a) Bembel & Geripptes
b) Karaffe & Weinglas
c) Flasche & Tonbecher

❸ Es gibt einige Frankfurter Komiker-Duos, die Gags im lokalen Dialekt bringen. Wer gehört nicht dazu?
a) Badesalz
b) Mundstuhl
c) Zaaberscht

❹ Wie wird Apfelwein nie bezeichnet?
a) Ebbelwoi
b) Äppelwoi
c) Beide Schreibweisen sind gängig und erlaubt

❺ Aus wie vielen Nationen der Welt setzen sich die Frankfurter Einwohner zusammen?
a) 95
b) 150
c) 179

❻ Wie viele Gebäude in Frankfurt gelten offiziell als Wolkenkratzer?
a) 14
b) 15
c) 16

Was sind das alles nur für Kräuter für die Frankfurter Grüne Soße?

❼ Wer hat das Grüngürteltier erfunden?
a) Der Zeichner und Dichter Robert Gernhardt
b) Die langjährige Oberbürgermeisterin Petra Roth
c) Ein Studierendenteam der Frankfurter Goethe-Uni

❽ Wer oder was ist ein „Eigeplackter"?
a) Ein Zugezogener
b) Eine traditionelle Frankfurter Eierspeise
c) Eine Wortneuschöpfung für konkurrierende Fußballfans

❾ Wen oder was findet man garantiert nicht im Frankfurter Grüngürtel?
a) Pflanzen und Bäume
b) Struwwelpeter-Baum, Dicke Raupe und Eule im Norwegerpullover
c) Die Jazzkneipe „Grüner Gürtel"

❿ Wer oder was ist der „Frankfurter Weg"?
a) Ein Konzept der Hilfe statt Kriminalisierung für Drogenabhängige, das Frankfurt 1994 als eine der ersten Städte beschlossen hat
b) Ein Wanderweg, der der einmal pro Jahr von vielen Stadtbewohnern und Besuchern gemeinsam begangen wird – in einer Nacht einmal rund um die Stadt
c) Ein uriges Volkstheater, in dem Stücke auf Hessisch aufgeführt werden

⓫ Was ist die Frankfurter „Neue Altstadt"?
a) Die Altstadt rund um den Dom/ Römer
b) Eine architektonische Rekonstruktion der ursprünglichen Altstadt, die 2018 eröffnet wurde
c) Eine ironische Anspielung auf die Hochhäuser im Bankenviertel

Alt-Sachsenhausen 42, 112, 118
Alte Brücke **35**, 46, 112, 121
Alte Nikolaikirche **36**, 38
Alte Oper **93**, 112
Alter jüdischer Friedhof 33
Apfelwein **20**, 42, 62, 136
Archäologisches Museum 40
Bahnhofsviertel **47**, 88
Bankenviertel 50
Bibelhaus 45
Bolongaropalast 54
Bornheim **51**, 79
Börse 18
Botanischer Garten 57
Buchmesse 18, 103
Caricatura – Museum für Komische Kunst 25, **34**, 114
Chinesischer Garten 53
Commerzbank Tower 24, **50**
Dalberger Haus 53
Deutsche-Bank-Türme 24
Deutsches Architektur-Museum (DAM) **44**, 112
Deutsches Filmmuseum 45
Deutsches Romantik-Museum 30, **41**
Dom siehe Kaiserdom
Dom-Römer-Quartier 17, **20**, 30, 39
Dreikönigskirche 42, **46**, 112
Ebbelwei-Express 127
Eiserner Steg **35**, 117, 121
Ernst-May-Haus 54
Eschenheimer Turm 30, **31**, 79
Europäische Zentralbank 18, 22, 50, 112, **122**
Europaturm 24
EZB siehe Europäische Zentralbank
Flughafen 18, 124, 127
Fotografie Forum Frankfurt 33

Freßgass' **30**, 72
Galileo-Haus 50
Gerbermühle 21, 119
Goethe, Johann Wolfgang von 18, 30, 31, 41, 117
Goethe-Denkmal 117
Goethehaus 30, **40**, 110, 117
Goethemuseum 40
Goetheturm 46
Großmarkthalle 22, 122
Grüne-Soße-Denkmal 119
Grüngürtel 17, 20
Günthersburgpark **53**, 95, 102
Hafenpark 122
Hauptbahnhof 120
Hauptfriedhof 53
Hauptwache **30**, 110
Hindemith, Paul 46
Historisches Museum **36**, 53, 121
Hochhäuser 50
Höchst **53**, 102
Hoffmann, Heinrich 18, 52
Holbeinsteg 51, 121
Holzhausenpark 51
Honsellbrücke 122
Ikonen-Museum 46
Jüdischer Friedhof, alter 33
Jüdisches Museum 41
Junges Museum Frankfurt 36
Justinuskirche 54
Kaiserdom 16, 30, **34**, 111
Kaisersaal 38
Kaiserstraße 48
Kapuzinerkloster **32**, 110
Karmeliterkloster 40
Katharinenkirche 31
Klassikstadt 57
Kleinmarkthalle **79**, 116
Kronberger Haus 53
Kuhhirtenturm 46
Kunsthalle Schirn 16, 30, **37**, 111, 114
Kunstverein **37**, 62, 111, 114
Leinwandhaus 34, 114

Leonhardskirche 40
Liebfrauenkirche 32
Liebfrauenkloster 40
Liebieghaus – Museum Alter Plastik **42**, 112
Main 21
Main Tower 24, **51**, 67
Mainufer 30, 51, 79, 103
Messe 55
Millenniumtower 50
Mousonturm 94
Museum Angewandte Kunst 45
Museum für Kommunikation 45
Museum für Moderne Kunst (MMK) 17, 30, **33**, 111
Museum Giersch 42
Museum Judengasse 33
Museumsufer 27, 30, 103, 112, 121
MyZeil 76
Naturmuseum Senckenberg 55
Neue Altstadt siehe Dom-Römer-Quartier
Neue Frankfurter Schule 21, **24**, 34
Nizza **51**, 121
Nordend **51**, 130
Osthafen 79
Osthafenbrücke 18
Ostpark 20
Palmengarten 17, **56**
Paulskirche 16, 18, 30, **37**, 110
Portikus 35, **46**
Rathaus siehe Römer
Rententurm 121
Römer 16, 30, **38**
Römerberg 16, 30, 36, **38**, 103, 111, 114, 117
Römerhöfchen 38
Römerstadt 54
Saalgasse 39
Saalhof 39, 121
Sachsenhausen 27, **42**, 76, 117
Schaumainkai siehe Museumsufer

Schirn-Kunsthalle siehe Kunsthalle Schirn
Skyper 50
Skytower 50
Städel-Museum 35, **43**, 112
Stadthaus 39, 111, 114

Stadtrundgang, geführter 127
Steinernes Haus 114
Taunusturm 34, 50
Tower 185 50
Umweltzone 124
Villa Metzler 45
Weltkulturenmuseum 45

Weseler Werft 22, 121, 130
Westhafen 121
Westhafentower 50, 121
Willemer Häuschen 118
Wolkenkratzer **23**, 50
Zeil 30, **72**, 76, 79, 88
Zoo 17, **57**

LOB ODER KRITIK? WIR FREUEN UNS AUF DEINE NACHRICHT!

Trotz gründlicher Recherche schleichen sich manchmal Fehler ein. Wir hoffen, du hast Verständnis, dass der Verlag dafür keine Haftung übernehmen kann.

MARCO POLO Redaktion • MAIRDUMONT • Postfach 31 51 73751 Ostfildern • info@marcopolo.de

Impressum
Titelbild: Blick von der Flößerbrücke zur Ignatz-Bubis-Brücke und der Skyline von Frankfurt am Main mit dem Finanzdistrikt (huber-images: M. Rellini)
Fotos: DuMont Bildarchiv: Lubenow (11); R. Freyer (35, 96/97); huber-images: U. Bernhart (41, 63), Gräfenhain (12, 39), H. - P. Merten (14/15), M. Rellini (Klappe vorne außen, Klappe vorne innen/1, 8/9), R. Schmid (13, 16/17, 31, 36, 106/107, 130/131); Laif: M. Kirchgessner (102/103), D. Schwelle (22, 90), T. Wegner (81); Laif/NYT/Redux: B. Kilb (71); Laif/robertharding: A. Copson (124/125); Look: Leue (95), D. Schoenen (56); mauritius images: Bridge (10), R. T. Frank (79), B. Wittelsbach (84/85, 89, 104/105); mauritius images/Alamy (2/3, 72/73), S. Borisov (93), E. Breitz (48), S. Delle Vedove (100), C. Walton (44); mauritius images/foodcollection (64); mauritius images/Hemis.fr: R. Mattes (6/7); mauritius images/imagebroker: Alker (55), W. Dieterich (67), K. Möbus (58/59), M. Moxter (50), Scully (24), M. Siepmann (26/27); mauritius images/lotuseaters/Alamy: T. Lehne (83); mauritius images/pa: J. Haas (132/133), F. May (21); mauritius images/Signumlux: U. Schiel (69); mauritius images/Travel Collection: K. Bossemeyer (113); mauritius images/Westend61: W. Dieterich (4, 47, 77, 116), M. Moxter (127); mauritius images/Westend61/pure.passion.photograph (98/99)

15. Auflage 2021, komplett überarbeitet und neu gestaltet
© MAIRDUMONT GmbH & Co. KG, Ostfildern
Autorinnen: Tara Stein, Rita Henß
Redaktion: Martin Silbermann
Bildredaktion: Gabriele Forst
Kartografie: © MAIRDUMONT, Ostfildern (S. 108–109, 111, 115, 118–119, 123, Umschlag außen, Faltkarte); © traffiQ, Frankfurt am Main (Umschlag innen, Faltkarte Nebenkarte); © MAIRDUMONT, Ostfildern, unter Verwendung von Kartendaten von OpenStreetMap, Lizenz CC-BY-SA 2.0 (S. 28–29, 32, 43, 49, 52, 60–61, 74–75, 86–87)
Als touristischer Verlag stellen wir bei den Karten nur den De-facto-Stand dar. Dieser kann von der völkerrechtlichen Lage abweichen und ist völlig wertungsfrei.
Gestaltung Cover, Umschlag und Faltkartencover: bilekjaeger_Kreativagentur mit Zukunftswerkstatt, Stuttgart; Gestaltung Innenlayout: Langenstein Communication GmbH, Ludwigsburg
Konzept Coverlines: Jutta Metzler, bessere-texte.de

Printed in Poland

MIX
Paper from responsible sources
FSC® C018236

MARCO POLO AUTORIN
TARA STEIN

Eigeplackt oder schon immer hier gewohnt? Das hat Tara Stein fast schon vergessen – fragt hier sowieso keiner nach. In jedem Fall in Frankfurt geboren: ihr Hund. Der hat sie auch für diesen Band auf Recherchen durch den (City-)Dschungel begleitet. Taras Lieblingshochhaus: Der Japan-Tower. Lieblingswesen im Grüngürtel: Der Struwwelpeter-Baum. Lieblingsapfelweinlokal: Viel.zu.viele.

BLOSS NICHT!

FETTNÄPFCHEN UND REINFÄLLE VERMEIDEN

SÜSSES ODER SAURES

Apfelwein wirkt in größeren Mengen berauschend, schlägt aber auch oft auf die Verdauung. Besser Vorsicht und das „Stöffche" erstmal „gespritzt" (mit Sprudel) bestellen. „Süß gespritzt" (z. B. mit Sprite) ist aber oft ein No-Go.

TERRITORIEN MARKIEREN

In traditionellen Apfelweinlokalen ist es nicht üblich, auf einen „eigenen" Tisch zu bestehen, selbst mit Reservierung. Man setzt sich irgendwo dazu – und nimmt Unbekannte an seiner Seite bzw. gegenüber freundlich auf.

MÜLL WEGWERFEN

Frankfurt zeigt Müllsündern die Rote Karte: Eine weggeschmissene Zigarettenkippe kostet 20 Euro Bußgeld. Wer einen Kaugummi ausspuckt oder irgendwohin klebt, wird mit 35 Euro zur Kasse gebeten. Mindestens 75 Euro kassieren die Müllsheriffs für ein zurückgelassenes Hundehäufchen, auf Spielplätzen auch mehr.

SCHWARZFAHREN (AUS VERSEHEN)

In einigen Städten kann man Tickets für U-Bahn oder Tram in der Bahn lösen – in Frankfurt geht das nicht. Kauf deine Tickets deshalb vorab, allerdings auch nicht zu weit im Voraus, denn ihre Gültigkeit läuft ab Kaufdatum.

EINFACH PARKEN

Auf vielen Straßen genießen die Anwohner das Erstparkrecht. Weiß-blaue Schilder markieren diese Zonen, die in der Regel zwischen 17/19 und 10 Uhr für andere Autofahrer tabu sind. Wer hier parkt, riskiert Strafzettel und teure Abschleppkosten.